可复制的沟通力

樊登的10堂表达课

樊登——著

中信出版集团 | 北京

图书在版编目（CIP）数据

可复制的沟通力：樊登的10堂表达课 / 樊登著. --
北京：中信出版社, 2020.6（2025.1重印）
ISBN 978-7-5217-1764-8

Ⅰ. ①可… Ⅱ. ①樊… Ⅲ. ①心理交往—语言艺术—
通俗读物 Ⅳ. ①C912.13-49

中国版本图书馆CIP数据核字（2020）第060917号

可复制的沟通力——樊登的10堂表达课

著　　者：樊登
出版发行：中信出版集团股份有限公司
　　　　　（北京市朝阳区东三环北路27号嘉铭中心　邮编　100020）
承 印 者：北京盛通印刷股份有限公司

开　　本：880mm × 1230mm　1/32　　印　　张：10　　字　　数：210千字
版　　次：2020年6月第1版　　印　　次：2025年1月第36次印刷
书　　号：ISBN 978-7-5217-1764-8
定　　价：59.00元

目　录

自序　每个人都能成为高效沟通者 _ VII

第一章　沟通力是可以复制的 _ 001

如果说人类社会是一张网，那么每个人就是网上的结点，而人与人之间必须有线，才能互相连接，否则这些结点就无法形成网，无法成为组织、成为社会。人与人之间的这根“线”就是沟通。

沟通力为什么如此重要 _ 003

沟通的目标不是“口服”而是“心服” _ 007

信息的准确传递与接收 _ 012

每个人都能学会的沟通力 _ 019

第二章 沟通的本质是尊重与合作 _025

“尊人者，人尊之。”沟通中如果缺乏尊重，不能平衡自己与对方的需要，总以一种自以为是的方式与对方交流，这样的沟通是很难进行的。只有学会尊重与合作，沟通的过程才会愉快而积极，结果才能如你所愿。

了解自己对恐惧的反应 _027
从对方的视角看他的经历 _032
平衡自己与他人的需要 _037
学会处理情绪和信息 _041
沟通之前先明确目标 _045
不尊重的沟通方式有哪些 _050

第三章 沟通高手都善于掌控情绪 _059

当我们在沟通中遭遇不愉快，进而产生消极的情绪变化或心理状态时，最重要的是控制这种糟糕的情绪或心理蔓延，别让自己被情绪所左右，否则沟通效率会大打折扣。

停止你的暴力沟通 _061
远离“傻瓜式”沟通 _067
奖惩式沟通的代价 _071
沟通中切忌挖苦嘲笑 _079
不抱怨，把握沟通的尺度 _084
利用复述和认同感染对方 _089

第四章 沟通要从了解需求开始 _095

需求是沟通当中的重要因子，凡是沟通中出现的问题，多数是由需求不清晰或需求未能获得满足所致。这里的需求，既包括他人的需求，也包括自我需求。

洞悉对方真正需求，避免情绪积累 _097
人类共通的需求名单 _103
发掘和关注自我需求 _111
用给予礼物的心态去沟通 _115
让对方看到更多的选择空间 _122

第五章 营造安全的沟通氛围 _127

当我们按照惯性思维与别人谈话时，通常会用自己最习惯的方式，但我们的惯性思维很可能让对方感觉不安全。这时候我们就需要打破惯性思维，主动营造一个安全的沟通氛围。

找到共同目的，让对方感受到理解 _129
利用对比说明，防止冒犯和伤害 _137
标注对方情感，赢得对方接纳 _143
合理使用道歉和“拔刺” _150
气氛不对时先关注情绪再关注内容 _157

长颈鹿有三个特点：高、反应慢、心脏大，这三个特点可以巧妙地运用到我们的沟通当中。心大，遇事不计较；反应慢，从不觉得什么事都会对自己有伤害；再加上它站得高，看得远，不会对眼前的小事斤斤计较。

巧妙地提问可以促使对方进行深入思考，唤醒对方的内在动力，使对方努力去改变自己；倾听则既能满足他人自我表达的需要，又能巩固人与人之间的联结。只有学会提问和倾听，才能成为真正的沟通高手。

第八章 用身体语言认识自己和他人 _227

人们总是会通过自己的肢体语言、面部表情和微妙暗示向他人传递各种信息，如果我们能正确判断这些信息，沟通就会变得愉快而顺畅。

避免用肢体语言暴露内心所想 _229
一眼看穿对方的微表情 _235
眼神透露出的心理活动 _240
展现高能量的身体姿态 _245
利用心理暗示调节自己的状态 _250

第九章 让文字发挥力量 _255

相较于面对面的语言沟通，文字沟通会给沟通双方更多的思考时间，同时在传递语气和情绪方面也更考验智慧。

让文字沟通更专业和精准 _257
发挥文字沟通的优势 _261
让文字沟通更高效的四个方法 _265

第十章 善用沟通力，提升决策力和影响力 _271

在需要做出决策和提升影响力时，高效的沟通力至关重要。出色的沟通力不仅能缓解你的紧张情绪，还能让你的发言更加吸引人，获得听众的共鸣。

如何在会议上高效沟通 _273
利用头脑风暴法激发创意 _280
六顶思考帽，让会议流程更科学 _286
用平行思维法减少决策风险 _293
三步走，组织高效演讲 _298

附录 延伸阅读书单 _306

每个人都能成为高效沟通者

上大学的时候我就是个爱管闲事的人。有一天我的同学气哼哼地回到宿舍，委屈地要哭。大家问怎么了？他说去年参加了一门课的补考，开学教务处说他没参加考试，没成绩，拿不到学分。没有学分就可能拿不到毕业证！我问他到底有没有参加考试？他说当然参加了！但是教务处说没有他的试卷，没试卷就是没有参加考试。他气得涨红了脸。我说："走，我跟你去解决。"

到了教务处，我说："老师您好，我们班这位同学去年参加了一门课程的补考，但是现在没有成绩……"教务处的老师说："哦，这个事我们知道。他没参加考试，所以没成绩。"我说："没有试卷不能代表一定没参加考试，有没有别的可能性呢？"老师说："考了怎么会没成绩？试卷又不会丢？"我对同学说："你说说看，补考的时候身边坐着哪些人？"他报出一串名字。我又对老师说："老师，我们是咱们学校培养出的学生，您对学生应该有基本的信任。能否联系一下这门课的老师，看看有没有别的可能?”老师被说动了，打电话联系任课老师。那位老师已经退休了，我们又努力请老师来教务处查试卷。最终，发现那位同学的卷子被夹在中间漏批改了。结束后教务处的老师问我：“你是班长吗？为什么这么热心?”我说：“我不是班长，我只是觉得应该好好沟通一下。”

一个人做不了太多的事。想要做些对社会有影响的事情，就一定要与人合作。合作的过程中最困难的就是沟通了。萧伯纳说，沟通最大的问题就在于有人认为已经沟通过了。所以很多时候并不是人折磨人，而是沟通障碍折磨人。如果一个人淳朴得未经任何训练，他的语言一定是直接的，是自我立场的。因为人的大脑就是这样设计的。我们容易恐惧，容易焦虑，容易防备。凭本能沟通很容易伤害对方，或者让人认为自私，没修养，火药味浓。你只要想想很多家长在家里是怎么跟孩子说话的就能理解了：口无遮拦，没有顾忌，兴致所至破口就骂。这就是原生态的沟通方式。

孔夫子教我们应该“克己复礼为仁”。我们要学会克制自己原始的贪婪和恐惧，站在别人的角度理解这个世界。这才是沟通正确的打开方式。古往今来，很多人总结了大量的沟通技巧和方法。究竟能不能复制呢？我的实践经验是能。很多人说“我嘴笨，天生的”，殊不知能说话、能表达就已经天生会沟通了。沟通的技巧和修自行车的手艺一样，是要学习的。光学还不够，还要练习才行。于是我们办了很多期“可复制沟通力”的训练营。我们看到一批批学员从没有信心、紧张害怕、张口结舌，转变成自信满满、平和自在、侃侃而谈。其中的工具和方法都是可以总结提炼的，有的甚至是有公式的，只要你刻意练习，沟通力就能达到 80 分。

如果社会上的大部分人，沟通力都能达到 80 分，那么我们的幸福指数一定会提高很多！我们的事业、家庭和自我认知也会因沟通力的提升而受益。

第一章

沟通力是可以复制的

如果说人类社会是一张网，那么每个人就是网上的结点，而人与人之间必须有线，才能互相连接，否则这些结点就无法形成网，无法成为组织、成为社会。人与人之间的这根“线”就是沟通。

沟通力为什么如此重要

所谓沟通力，是指一个人与外界交流信息的能力。美国石油大王洛克菲勒曾说："假如人际沟通能力也是同糖或者咖啡一样的商品的话，我愿意付出比太阳底下任何东西都珍贵的价格来购买这种能力。"可见，沟通能力有多重要！

沟通是人与人之间的思想交流，也是传情达意的重要过程，看起来似乎很简单，其实有着很深的学问。如果你在沟通过程中不能正确有效地传递信息，不仅无法达到沟通的最初目标，还可能给彼此的交往带来负面影响。相反，如果你具有出色的沟通能力，就可以在生活中化解各种矛盾，维护家人、朋友之间的良好关系，还能在工作中最大限度地运用自己的工作经验、专业知识，发挥个人能力，并因为自身具备的沟通能力，迅速给人留下深刻的印象。

沟通力虽然如此重要，但在实际生活中我们发现，并不是每个人都知道怎样跟别人沟通才有效，也就是说，有很多人并不具备这种能力。

有个朋友给我讲过这样一件事。有一次，他到一个城市出差，住进了一家酒店。等他办完事准备退房时，前台的一个服务员对他说："您在这里等一下，我们必须要先检查一下房间，看看有没有东西损坏丢失，然后才能给您办理退房手续。"退房时需要检查，这是行业规则，朋友自然欣然接受，于是便站在前台等待查房结果。这时候，前台的服务员又接着解释起来："前几天我们这就有个客人，把房间的水壶弄坏了，之前还有客人偷拿了毛巾……"朋友听完这些很不爽，感觉服务员在诋毁自己的人格，以后再没去过这家酒店。

后来，他又到这个城市出差，换了另一家酒店，却感受到了完全不同的服务。在退房时，服务员微笑着说："请您稍等片刻，我们去您的房间检查一下，看看您是否有东西落在房间里。"他一听，觉得这个酒店服务很到位。

其实我们仔细想一下就会发现，这两位服务员要传达的信息是一样的，都是去检查客房里有没有东西损坏或丢失，但很显然，后一位服务员更会沟通，既准确地传达了自己的工作内容，又很好地照顾了客人的情绪和感受，维护了客人的自尊，也让客人更愿意接受。

从中我们也可以看出，沟通是一门艺术，在与他人沟通时，语言表达能力和表达技巧显得尤为重要。具备良好、高效的沟通力，不论是对我们的工作还是社交，都有非常重要的意义。

提升社会竞争力

一个人要在社会上立足，依靠的是综合能力，包括智力、毅力、才学、机会等不同因素。但同时我们也看到，在信息传递、互动瞬息万变的今天，即使你有真才实学，但如果没有高效的沟通能力，你也很难遇到“伯乐”，社会竞争力自然也不如那些会沟通的人。

在樊登读书团队，我经常鼓励各部门之间要保持积极的沟通，增进信息共享，以便每个部门中的每个人都吸取到不同的经验。我也会积极听取员工的意见和建议，并给予他们充分的机会，让他们发挥自己的聪明才智和积极性。这样既增加了彼此间的了解，还提升了员工的个人能力，如果有一天他们走上其他的工作岗位，良好的沟通力也能让他们在竞争中脱颖而出。

加速事业的成功

不论是细致的洞悉力、持久的坚持力，还是良好的团队凝聚力，都能快速缩短你与成功之间的距离，而高效的沟通力更是促成事业成功的重要因素之一。绝大多数在行业中取得成功的人，都是依靠自己与众不同的交际和沟通能力，获得上级的认可与信任，得到下属的支持与爱戴。所以沟通大师卡内基说：“现在的成功人士，有 80% 以上是靠沟通力打天下的。”

在现代快节奏的职场中，我们可以这样说：是否能说，是否会说，是否具有出色的沟通力，将决定一个人在工作中的成功和失败。其实如果你细心观察一下就能发现，那些被认为工作能力强的人，在跟人交流时都能做到思路清晰、表达具体，并能准确地关注到对方的需求，这无形中为沟通的成功打下了基础。

人际关系的润滑剂

沟通是人际关系的基础，借助沟通，人与人之间可以交换信息、相互了解并建立彼此信任的关系。

有效的沟通之所以对社交很重要，就在于沟通能打开社交中双方的心扉，并能化干戈为玉帛，协调人与人之间的关系。

沟通本身就是学习的过程，每个人的思维角度、处世方法等都不同，面对不同的人，我们也要采取不同的沟通方式。很多时候，运用我们惯用的思维方式并不一定能全面地分析和解决问题，此时多与他人交流，集思广益，才有可能消除误会，增进了解，融洽关系。如果缺乏必要的沟通，就可能会产生更多的矛盾，影响人际关系。

沟通的目标不是“口服”而是“心服”

沟通是人与人之间、人与群体之间思想与感情的传递和反馈过程，以求思想能够达成一致，感情能够畅通无阻。前文提到，沟通很重要，大多数人的烦恼都源于与他人的沟通不畅。那么，我们应该怎样评价一次沟通是有效的还是无效的呢？是以达成沟通发起者的具体目标为标准吗？并不见得。

在有些沟通中，沟通者对人对事并不能完全做到“心服口服”，而且很多情况下都是“口服心不服”。比如临下班时，忽然来了个着急的活儿，领导要安排一个员工加班，这多少是有些难度的，因为大家都不愿意加班。这时我们可能认为，如果员工同意加班，就是沟通成功、有效；相反，如果员工不同意加班，就是无效沟通或沟通失败。

也就是说，人们常以沟通结果来判断沟通的效果，而对于沟通的氛围、过程和其他衍生状态都不重视，只关注显而易见的“口服”，而不关注对方有没有“心服”。如果员工带着心里不服气的状态去加班，很可能会在工作中造成不该有的内耗，或者对工作应付了事，不愿意认真完成。

所以在沟通中，仅仅让对方接受我们的要求是远远不够的，我们需要比有效沟通效果更高的沟通标准，就是既让对方接受我们的要求，又能让对方心悦诚服，即达到一种高效沟通的状态。有效沟通只是通过沟通行为让对方去执行和完成任务，高效沟通才是我们在沟通时要达到的目标。

大家可能很想知道：怎样才能实现高效的沟通呢？

要弄清这个问题，我们先要弄清沟通的三大要素。如果你想让沟通最终高效地达成目标，就必须遵循下面这三大要素。

有明确的沟通目标

简单来说，沟通无非就是人与人之间的对话、交谈，并在此过程中寻找共识、消除隔膜，最终解决问题，取得一致。其中，“沟”是方法，“通”是目的。但有趣的是，我们在沟通中常常是自说自话，有时你甚至会发现，对方坐在你面前喋喋不休地说了半天，你却不知道他到底要表达什么，这是很令人抓狂的！

任何一场沟通都要具备明确的目标，目标是高效沟通的起点和终点。双方只有围绕这个目标沟通，才能不偏离主题，不忘记初心。

对于国外的家庭，尤其是美国家庭来讲，剪草坪是个很重要的家务。为了让孩子学会做家务，家长就会教孩子来做这件事。

有一天，爸爸教儿子剪草坪，可儿子没控制好机器，结果“呼”的一下，一块草坪被剪草机全部剪没了。爸爸很生气，大声责备儿子。妈妈在屋里听见了，就出来制止爸爸，说：“我们培养的是孩子，而不是草坪。”

这个故事非常好地说明：不论是哪种沟通，都不要忘了最终的目标是什么。

善用语气、语调

同一句话，不同的人说出来，给人的感觉可能不一样，对结果产生的影响也可能不同。有人喜欢平铺直叙地说，有人喜欢激情万丈地表达，有人喜欢摆事实讲道理，有人喜欢凭感觉来……因此，在沟通过程中，不同的人所用的语气、语调不同，沟通结果也不同。

大家都知道，中央一套曾有个很火的节目叫《朗读者》。有一天，我在看电视时正好看到这个节目，当时播放的是斯琴高娃老师朗读的一篇文章，文章名字叫《献给母亲》。结果听到一半时，我就感觉自己的眼泪止不住了。与此同时，我发现现场的很多观众也在擦眼泪。

后来我分析了一下，除了内容之外，这篇文章之所以能让大家动情、流泪，主要在于斯琴高娃老师朗读时的语气、语调都比较低沉、缓慢，投入了较深的情感，这就对内容起到了很好的烘托作用，让人的情感很容易就被带入其中。

我非常提倡共情沟通。什么是“共情沟通”呢？就是倾听者对倾诉者的经历感同身受，引导倾诉者深入自己的内心世界，寻找问题的根源，继而影响并改变他。简单来说，就是沟通时要有同理心，在别人悲痛时，你设身处地地理解他的悲痛；在别人烦恼时，你设身处地地理解他的烦恼。在沟通中，如果你能通过你的语气、语调将这些相应的感觉表达出来，那么你一定能够获得对方的共鸣，你们的沟通也会更加顺利、更加深入。

用肢体语言为沟通加分

在沟通过程中，我们的眼睛该看向哪里，我们该做出什么样的面部表情，我们的整个身体应该是什么状态……这些都会影响沟通的效果。美国语言学家艾伯特·梅拉比安曾提出一个著名的沟通公式：沟通的总效果 =7% 的文字语言 +38% 的声调 +55% 的肢体语言。

肢体语言对沟通具有重要的作用。比如，有的人在沟通时，一旦有问题或矛盾出现，他就会摸自己的脖子，甚至有的人两只手同时放在脖子后面，使劲儿地摸脖子，你知道这是什么意思吗？

在远古时期，人类防御野兽的能力很差，外出寻找食物时很容易被野兽咬死。而野兽一般都会咬人的脖子，一口毙命。由此，人类就认为脖子是最容易被攻击、被伤害的地方，一旦感到紧张、无助，就会想要保护自己的脖子。

这就是一种肢体语言。在与人沟通时，不论是我们自己，还是我们沟通的对象，都会有意无意地表现出一些肢体语言，这些肢体语言也会相应地为沟通加分或减分。比如我在给大家讲课时，这是一种沟通，如果我没有任何肢体语言，只是干巴巴地坐在桌前讲课，你就会感觉我讲的内容很乏味。其他类型的沟通也是如此，不论是与员工沟通，还是跟家人沟通，恰当的肢体语言都可以影响到你的沟通。

以上就是沟通必须具备的三大要素，都是为了实现高效沟通，缺一不可。沟通本来就是一个全方位、综合展现的过程，而不仅仅是语言内容。当然，我也要强调一下，对于沟通本身来说，说什么话，要沟通哪些内容，这已经是沟通的全部了，而语气语调和肢体语言这两个关键因素只是为了让沟通的内容能够更加全面、有效地呈现出来，这一点大家应该清楚，不要在沟通时顾此失彼。

信息的准确传递与接收

人们常说，“世界上有两件事最难：一件是把别人的钱放在自己口袋中，另一件是把自己的思想放入别人的脑袋中”。这两件事都离不开良好的沟通。

在生活中，每个人都有自己的沟通习惯、风格或偏好，我们很难改变别人的沟通习惯。但为了让沟通更顺畅，我们可以适当改变自己的沟通方式，尝试用不同的方式与他人沟通，这样沟通才会更高效。

著名职业经理人唐骏在担任微软中国区总裁时，曾与比尔·盖茨进行了一次关于行程安排的沟通。

有一次，比尔·盖茨要来中国，想把行程安排在2月，但这时刚好赶上中国的春节，大家都放假了，所以唐骏就与比尔·盖茨的秘书沟通，希望能把行程修改一下。

但秘书告诉唐骏，比尔·盖茨先生的行程提前一年就安排好了，不能修改。虽然唐骏努力向秘书解释理由，秘书仍然坚持无法修改。最后，唐骏只好与比尔·盖茨直接通电话，而比尔·盖茨的说法与秘书一样："行程一年前就安排好了，改不了。"

唐骏忽然急中生智，对比尔·盖茨说："是的，我知道您的行程是一年前就安排好的，但您知道吗？我们的春节是五千年前就安排好了的。"

最终，比尔·盖茨只好在"五千年前就安排好了的春节"的压力下，改变了自己的行程。

在这个案例中，唐骏没有说一堆大道理，而是准确地找到沟通的切入点，巧妙地说明了中国春节在中国人心中的重要性，从而顺利地让比尔·盖茨改变了行程。这就是一种良好、有效的沟通方式。

但同时我们也看到，在每天的工作和生活中，总有些不那么和谐的沟通，比如下面几种：

否定式沟通：不管你说什么，对方都会否定你。

——不是……

——不对，你这是错的。

——这样行不通……

打断式沟通：你的话还没说完，对方就打断你，开始表达自己的观点。

——我觉得……

——我的想法是这样的……

追问式沟通：连续提出多个问题，让人难以招架。

——你们的薪资是多少？有五险一金吗？……

——你多大了？做什么工作的？工资怎么样？……

尴尬式沟通：以粗鲁、自以为幽默、低俗等方式沟通，让人不知怎么接下文。

——你的话太多了，该听我说了……

——你这带病上班，是装给领导看的吧……

——天啊，你的手指戴上这个戒指后简直就像胡萝卜……

类似以上沟通方式，很容易导致沟通效果不佳或陷入僵局。

事实上，真正好的沟通的关键在于怎样在对方面前恰当地表达自己。有人可能觉得这很容易："不就是把自己要说的话说清楚吗？"这只是其中的一方面，要知道，沟通是双向的，你不仅要把自己想说的话表达清楚，还要时刻关注对方的情绪和反应，并能够接收到对方反应中的有效信息，继而做出更加合适、有效的反馈。

我的一位朋友最近正闹离婚，他跟妻子结婚十多年了，一直相安无事，但两个月前妻子突然跟他提出离婚，理由是夫妻感情破裂。朋友很不理解，就跟我抱怨："她明知道我很在乎她，这是明摆着的事儿，怎么到她那里就变成感情破裂了呢？"

开始我也不理解，但听他跟我唠叨了一会儿，我便大概弄清了原因。于是我就问他："你应该很少对妻子说一些亲密的话吧？"

他说："都老夫老妻了，有什么可说的？我没必要总把爱挂在嘴边吧？是，我有时说话比较冲，可能没有给她留面子，但她也不是外人啊……"

我说："这可能就是原因所在。"

后来朋友又找妻子的朋友去了解，才知道妻子经常跟她的朋友抱怨，说丈夫不关心自己、不尊重自己，慢慢她心里就产生了一个顽固的想法——"他根本不在乎我。"

很显然，这就是由夫妻双方沟通不畅造成的，朋友想当然地认为妻子一定了解他的心思，不用天天把"关心""爱""在乎"等"肉麻"的词挂在嘴边，说话时也没把她当外人，但妻子并没有接收到他的真实心思，反而认为这是丈夫不在乎自己、不爱自己的表现。所以说，要形成一个良好的沟通，自以为对方能猜透你的想法或心思是不行的，你必须准确清晰地表达出自己的观点或想法。

结合我自己的经验，我认为好的沟通应该具备下面几个特点：

能够准确地表达自己的感受

不得不承认，很多时候我们都不能准确地表达自己的感受，而只是一味地说出自己的看法。

比如，晚上10点你正准备睡觉，楼上突然传来一阵叮叮咣咣的搬东西声，你忍无可忍，上楼去找他们，希望他们马上停止。一般我们会这样说：

"现在都半夜了，你们搬东西制造这么大声音，不知道会打扰别人休息吗？"

"你们这么晚搬东西，也不顾别人是不是需要休息，太没公德心了！"

很明显，你对这件事有强烈的感受，但在与对方沟通时，你却没能表达出自己的真实感受，只是在指责。如果对方是个不讲理的人，你们之间很可能会爆发一场"战争"。

那怎么沟通才有效呢？

"你们在搬东西吧？这让我感觉有些吵。"

"你们一定要今晚搬的话，如果能够轻一点儿，我觉得可能更好。"

以“我”的角度来与对方沟通，如“我觉得”“我感觉”“我认为”等，不仅能清晰地表达出你的感受，沟通效果也会更好。

表达时要直接、精确

有些人说话喜欢绕弯子、暗示，要么就说一些模棱两可的话，因为有时“委婉”或“含蓄”被认为是一种美好的品行，但我不建议你在沟通中经常运用这种方式。对方不是你肚中的蛔虫，不可能对你说的每一句话都能按你期望的那样去理解，一旦理解错了，就可能导致沟通失败。

运用深夜电台主持人般的声音

有一种沟通策略，叫作“运用深夜电台主持人般的声音”。

深夜电台主持人的声音是什么样的呢？大家应该都在夜里听过一些电台节目，这类深夜节目的主持人的声音往往都特别温柔、缓慢、深沉，让人听起来感到心安和信任，因此也愿意与他（她）对话。

从某个层面上来讲，这种沟通方式之所以有效，是因为我们对他人内心的理解并不是思考出来的，而是对感受瞬间的把握。所以当我们运用这种声音来与对方交流时，就会释放出温暖和可接受的信号，沟通就会很容易进行下去。

总而言之，真正好的沟通一定能让沟通双方彼此接收到准确的信息，能理解对方所要表达的真实意图，能接受对方的观点，并使对方采取相应的行动或做出某种改变。

每个人都能学会的沟通力

在给学员讲有关沟通力的课程时，我经常会问一个问题："你们来参加这次课程的目的是什么？"大家通常都觉得我的问题很可笑："来参加课程当然是想提升自己的沟通力啊，不然为什么大老远跑过来呢？"接着我会继续问："你们觉得参加这样的课程，真的能提升自己的沟通力吗？"每到这时，大家往往会面面相觑，不知如何回答。

这的确是个问题。前面我们说了，沟通力对于人们工作、生活的重要性不言而喻，但想提升沟通力，听几次相关的课程或参加几次相关的培训就真的有效吗？

可能不同的读者对这个问题给出的答案也不相同，或者说也有人认为是没多大效果的。但既然沟通力这么重要，我们又都希望自己能有高效的沟通力，从而在人际关系中如鱼得水，在家庭生活中左右逢源，那么不论这些方法有多大效用，都抱着"学学呗，万一有用呢"的心态来学习了。

那么，通过学习到底能不能提升沟通力呢？我的答案是：能，因为沟通力本身就是一种经过刻意练习后可以被复制执行的能力。也就是说，不论是看书、看视频还是参加相关的培训课程，每个人都可以通过学习和刻意练习提升自己的沟通力，并将其运用到工作与生活中。从某种程度上来说，沟通力也是一种方法或技巧，它与我们所学的其他能力是一样的。比如很多年轻人说“我不会做饭，学不会”，真的如此吗？我相信如果你想学，是完全可以通过看书、看视频等方式慢慢熟悉，并通过在实际生活中多次练习而逐渐学会的。领悟能力高或者发现其中的乐趣的话，你甚至可以成为一名烹饪高手。

沟通力的提升过程也是如此。当你看到那些站在台上激情澎湃、口若悬河的人，你可能感觉他们都很厉害、很牛，你永远都无法企及，而事实上，只要掌握方式方法，再经过刻意练习，每个人都可以成为站在舞台中央激情飞扬地演讲的那个人。

既然如此，我们该怎样做，才能让自己掌握高效的沟通力呢？

学习科学的理论

有人可能要问：学习沟通力也要学理论吗？

当然要学，不仅要学，还要学那些科学的、真正有效的理论。

在我看来，有关沟通力的理论就是我们在沟通过程中应该谨记的一些原则。

（1）沟通的真实性。沟通的过程就是对有意义的信息进行传递，如果你传递的信息没有意义，哪怕整个沟通的过程很完整，这样的沟通也会因为缺乏实质内容而变成无效沟通，或者说这种沟通只能叫聊天。另外，从经济学角度来说，无效沟通也是对资源的浪费，包括时间、精力、渠道、金钱等，有时还可能产生负效益，即沟通的成本大于产出。

所以，要提升沟通能力，就必须确保你的沟通内容是真实而有意义的，沟通内容也应至少对其中一方是有用或有价值的信息。

（2）沟通的完整性。在沟通中，你传递给对方的信息必须完整无缺，不能让信息被干扰或被曲解，否则就可能导致沟通失败。

（3）沟通的时效性。整个沟通过程必须在沟通发生的有效期内完成，否则沟通就失去了意义。

（4）沟通的同一性。你的沟通对象必须能了解、体验或理解你所发出的信息的真正意义，因为每个人的经历、经验、知识水平都不同，对信息的解读可能也会不同，理解一旦出现偏差，沟通就可能无效。

（5）沟通的目标性。沟通双方都要有明确的目标，目标模糊或不明确，很容易导致沟通失败。

掌握正确的方法

沟通力涉及沟通前的准备、对情绪的把控、对需求的关注，以及表达方式、表达的语音语调、表达的信息等等，要有效地掌握这些内容，使之在沟通中充分发挥效用，就必须掌握正确的学习方法。

在大多数时候，我们的沟通都是一种暴力沟通，即沟通双方忽视彼此的感受和需要，而将冲突归咎于对方。在这种情况下，沟通就会变成一种指责、命令或强迫，最终成为一种无效沟通。

我曾听一位妈妈在跟别人交流时，说起了自己管孩子的经验。她说，自己的经验就是在孩子上高中这三年，不论他怎么抗议，都要盯死他，盯到他上大学为止，并且强调这几年一定不能放松，否则就前功尽弃。

这种做法有效吗？不能说完全无效，可能孩子觉得自己无法反抗，只能“认命”，但这对孩子将造成巨大的伤害！

要让一个孩子成绩好有很多种方法，有的家长会让孩子愉快地学习，孩子不觉得学习是件痛苦的事，家长也不觉得管孩子是件痛苦的事，这是成功的沟通，实现了双赢。但有的家长就像这位妈妈一样，认为学习都是痛苦的，但孩子又必须学，自己没有好办法引导孩子，只能死盯，结果孩子陷入痛苦，家长也感到痛苦，这就是沟通方法不对，成了暴力沟通，即使孩子真的考上大学，与妈妈的关系也会受到影响。

所以，沟通一定要掌握正确的方法。至于哪些方法能让沟通更高效，后面我会详细阐述。

一定要刻意练习

沟通力是一种重要的能力，所有的关系缺少了沟通，都会成为一个人的“独角戏”。很多人觉得，沟通力是与生俱来的，有的人天生就外向，“嘴巧”“能说”，有的人天生就内向，“嘴拙”，不善于交流。

这么说太绝对了，而且会说话也不等于会沟通，因为沟通不是单向的，而是双向的。并且，沟通力也不是一种天生的能力，它是一种经过后天刻意的科学训练就能够掌握的软实力。经过多年培训经验和生活阅历的积累，我认为掌握高效沟通力的关键在于对问题进行正确的思路转换。比如，当对方的想法与你的想法相左时，要引导对方与你的思路一致，你就要先对对方的想法表示理解、尊重和认可，然后再将自己的想法表达出来，以求寻找共同思考的角度。

掌握了沟通技巧，沟通就会变得很容易；而要掌握沟通技巧，就要不断学习和刻意训练。至于学习和训练方法，后面我会详细阐述。

以上三点，就是复制沟通力的“三驾马车”。通过不断地学习和训练，相信大家都能轻松拥有高效的沟通力。接下来就让我们具体聊聊怎样提升我们的沟通力吧。

第二章

沟通的本质是尊重与合作

“尊人者，人尊之。”沟通中如果缺乏尊重，不能平衡自己与对方的需要，总以一种自以为是的方式与对方交流，这样的沟通是很难进行的。只有学会尊重与合作，沟通的过程才会愉快而积极，结果才能如你所愿。

了解自己对恐惧的反应

沟通的重要性不言而喻，它是人与人之间思想交流、传情达意的重要方式。人类之所以需要社交，不仅是生活的需要，还是心灵支持的需要。成功有效的沟通可以给人们带来鼓励、自信和快乐，也可以充分展示个人魅力，体现个人素质，缩短人际距离，打造良好的社交氛围。

但是，每个人内心之中都会有一个自己感觉最难以沟通的点，也就是你最想通过沟通解决，却又难以解决的那个问题，比如：怎样跟孩子沟通，才能让孩子敞开心扉？怎样跟爱人沟通，才能让家庭更和谐？怎样跟领导沟通，才能获得领导的重用？怎样跟下属沟通，才能更好地开展工作？……

总而言之，每个人心中都有亟待通过沟通解决的问题。如果沟通不畅，给我们自己和他人带来的伤害将不言而喻，因为人与人之间基本上都是通过沟通建立感情的；同样，感情的破坏很多时候也是沟通不畅造成的。

要实现有效沟通，我们首先要弄清沟通的共性是什么。简而言之，就是所有沟通问题的核心和最一致的东西是什么。有人说是讲话的内容，有人说是倾听，有人说是与对方达成共识……听起来似乎都有道理。但反过来想，如果两个人沟通后没有达成共识，可彼此间的友谊加深了，这算不算是一种有效沟通呢？

当然算。有效的沟通之所以对社交很重要，就在于沟通能够打开社交过程中双方紧闭的心扉，或者化干戈为玉帛，协调人与人之间的关系。所以，我们认为沟通目的的共性应该是尊重与合作。任何一种沟通，归根结底都是为了实现尊重与合作这一目的。

我们先来说说合作。

合作为什么越来越难？

不管是在生活还是在工作中，我们会发现与人合作特别难，为什么？原因就在于我们经常觉得自己才是对的，别人应该按照我们的想法和要求做事，否则，我们就会与对方产生矛盾或冲突，合作自然也就无法进行下去。

有两个技术员围绕一个技术问题进行讨论。在讨论过程中，两人在某个观点上出现分歧，于是开始互相质疑，直至大声争吵起来。两人的脾气都不太好，对自己的看法又都异常坚持，彼此互不相让。伴随着激烈的争吵，其中一人随手将资料往桌子上一扔，结果因力气偏大，资料正好碰倒了桌上的水杯，水杯里的水洒了出来，浸透了桌子上的关键性资料。

这时，两人谁也不争论了，因为他们都很清楚，接下来他们必须合作，一起加班来解决这件倒霉事。

事实上，当你认为“合作”就是别人要完全听从你的要求时，必然会导致大量无法解决的矛盾。要知道，合作的核心并非一方必须听从另一方的安排，而是双方通过一起努力，共同完成一件事。

由此，我们也挖掘出一个更深层次的问题，即在沟通中，一旦对方不合作，说出一些违背我们意愿的话，或做出一些违背我们要求的事情时，我们会怎样？多数人会因此生气、发怒，感觉自己没被尊重、面子受损，或者要承认自己是错误的，等等，这些都会引发我们的愤怒情绪。但究其根源，我们之所以生气、愤怒，其实是内心的恐惧在作祟。

恐惧的根源

我特别喜欢 20 世纪伟大的心理学家卡尔·荣格说过的一句话：“当你的潜意识没有进入你的意识的时候，那就是你的命运。”

人类的思想分为两部分，一部分为意识，另一部分为潜意识，而潜意识的力量要比意识强大得多，所以要激发潜能，就需要运用潜意识。

那么，我们的潜意识在哪里呢？

在人类的大脑中，有一部分叫作大脑皮层，它是帮助我们学习各种知识的部位；大脑皮层中还包含一个东西，叫作基底核；大脑皮层的前面部分为大脑前庭，也是人类区别于动物最关键的部位，负责人类的逻辑、语言以及丰富情感的发展。比如当一个孩童学系鞋带时，通过观察发现他的大脑皮层是亮的，这表明他正在通过大脑皮层努力地学习；但当一个成年人系鞋带时，他的大脑皮层就不会亮，为什么？因为系鞋带对成年人来说是一个无须再动脑、随手就能完成的动作。如果让你用语言把系鞋带的动作描述出来，可能很难为你；但用手去做时，你会立刻完成。此时起作用的就是基底核，因为当你完全掌握一项技能或习惯一件事后，这个意识就会进入你的大脑基底核中，成为你的潜意识，它带来的直接好处就是节省能量，让你无须再通过学习和思考就能完成某件事。

同样的道理，如果你还没完全学会开车或刚刚拿到驾驶证，你会发现开车是件非常吃力的事；但如果你完全掌握了这种技能，你几乎无须动脑就能轻松驾车，因为这个技能已进入你的大脑基底核之中。

再回到沟通这件事上，我们在什么时候才会感到深深的恐惧呢？与开车同样的道理，就是我们无法完全掌控局面的时候，也就是周围人的想法、说法、做法与我们的预想完全不同的时候。实际上这种恐惧一直深藏于我们的潜意识之中，这些潜意识可能来自我们童年时期经历过的一些事情。对于童年时的每个人来说，如果父母告诉我们，他们不爱我们、不要我们了，那意味着什么？意味着死亡。对于一个完全不能掌控自己的原始生命来说，这是件非常令人恐惧的事。只是随着年龄的增长，我们慢慢学会自立、学会掌控局面，这种恐惧才逐渐被弱化或隐藏起来。然而一旦外界出现我们不能把控的局面，这种恐惧就会从潜意识中被激发出来，从而控制你的行为。

所以，在与人沟通之前，我们必须从根源上探寻自己的内心对恐惧的反应，这样才能弄清楚我们为什么会把别人与自己的合作看得那么重要。

从对方的视角看他的经历

上文我们阐述了沟通目的的共性之一——合作，接下来我们再谈谈沟通目的的另一个共性——尊重。

尊重，对你来说意味着什么？你是怎样定义尊重的？有人说，尊重就是换位思考；也有人说，尊重就是倾听他人的感受；还有人说，尊重就是给予彼此选择的权利……没错，这些都是沟通当中尊重他人的表现。

尊重是沟通的开始，也是沟通的前提，只有建立在尊重基础之上的沟通，才能顺利地完成。但在与他人真正开始沟通时，一些人却又出于种种主客观原因认为自己才拥有发言权，动不动就说："你怎么不按我说的做？""你为什么不尊重我的意见？"既缺乏与他人进行平等沟通的观念，又缺乏对他人应有的尊重和理解，还缺乏应有的沟通方法和技能，导致沟通陷入僵局。

什么是真正的尊重？

随着现代社会工作和生活节奏的加快，许多人越来越多地为生活和工作忙碌，而真正用来与他人相处、沟通和交流的时间却越来越少，由此产生的矛盾也越来越多，从而导致无法顾及他人真正需要的尊重，这就更加难以通过沟通真正了解他人的需要和想法，最终导致沟通失败。

那么，什么才是真正的尊重呢？是我完全顺从你的想法，或者你全部听从我的指挥？都不是。

真正的尊重，应该是从他人的视角去看他们所经历的一切，也就是了解对方的“being”，哲学上称为“存在”。简而言之，就是了解对方此刻存在的状态是什么。如果我们能从对方的视角去看待他正在经历的一切，并接纳他所做的一切，而不是不断在自己心中幻想“如果他不这样做多好”“如果他听我的该多好”，就是对对方最大的尊重。

我们可以回忆一下，当跟他人发生矛盾时，我们的内心是不是也会产生“你不这样多好”“要是我能改变你多好”等类似的想法？那就换位思考一下，如果别人在与你交谈时，内心也这么想，甚至不断通过语言暗示“你不行”“你应该听我的”“你这样很糟糕，应该改一下”，你会不会立刻产生一种不被尊重的感觉？相反，要是对方能站在你的角度，认真地向你描述你此刻的感受、想法等，你一定会产生一种“他乡遇故知”的感觉。这就是沟通过程中尊重的真正含义。

事实上，每个人都是一个独立的个体，各自所处的立场、所适应的环境和所追求的利益等都有所不同，因此也都希望能够按照自己的想法去成长、去生活、去工作，这也是人与人之间最大的区别。但如果每个人都要求他人按照自己的想法去行事，显然就会破坏人与人之间的良性关系。所以我们应该明白，要拥有高效的沟通，就必须懂得尊重自己的沟通对象，维护对方的自尊心，从对方的视角去看待他们所经历的一切，并以同理心来进行换位思考。能够做到这一点，才能让沟通更顺畅，我们也才能获得周围人越来越多的支持和喜欢。

懂得尊重自己

沟通需要建立在尊重他人的基础上，同样也要建立在尊重自己的基础上。很多时候，我们会生气、会发飙，甚至情绪失控，大喊大叫……为什么会这样？究其根源，一方面是因为恐惧，另一个更重要的原因是我们的内在需要没有获得满足，我们没有获得他人的尊重。所以在我们看来，眼前的一切都意味着失败，意味着我们一事无成，这是任何人都难以接受的。

那么在沟通中如何做到尊重自己呢？

前面提到，要做到尊重他人，我们就要学会站在对方的角度去看待他的经历和他的情感状态；同样，尊重自己意味着我们要学会从自己的角度去看待自己此刻的状态："我"为什么会这样？"我"的哪些需要没有获得满足？

比如，当你在与别人沟通的过程中出现不良情绪时，就可以这样对自己说："我此刻有些生气，因为我感觉到了什么，我担心会发生什么事。""我有些不满，因为我的某个需求还没有得到满足。""但就算我生气了，我也是很棒的！"类似这样几句简单的话，往往能快速平复自己的情绪，然后继续与对方进行沟通。

所以，尊重自己并不意味着超强的自律或自控，相反，一个人越是超强自律或自控，一旦爆发就会越激烈；而爱自己、了解自己、关注自己，感受和接纳自己此刻的状态，才是对尊重自己的深刻理解，也是你继续与他人心平气和地沟通的基础。

尊重是为了促进共赢

很多人觉得沟通出现矛盾的原因，是我们认为人与人之间的沟通就是一场零和博弈，要么你赢，要么我赢，反正两个人中只有一个赢家。带着这样的目的去沟通，自然是难以达到共赢的。而这种失败的沟通，归根到底是匮乏型的心态在作祟，即当你的内心匮乏时，你就会觉得彼此之间的需求只能满足一个，要么满足你的，要么满足我的。相反，当你以一种富足型的心态与人沟通时，你会觉得：自我的需求要满足，对方的需求也要满足，我们可以与对方一起想办法。带着这样的心态与对方沟通，其结果也必然会朝着共赢的方向发展。只有这样，我们的沟通目的才能真正实现。

平衡自己与他人的需要

人类社会是一个由个体组成的集体。身处集体之中，我们每个人都需要频繁地利用沟通力来传递个人意志、维护人际关系，从而在各种竞争中脱颖而出，获得有利的发展机会。可以说，沟通力是我们维护自身社会地位的基础，是实现人生价值的有力保障，也是现代社会中每个人都应该具备的能力和素质。

下面我们通过两个我自己研创的图形来了解一下关于沟通的两个原理，由这两个图形可知，要想成为沟通专家，需要做好两件事。

平衡自己的需要和他人的需要

前文提到，沟通的目的之一是合作，而合作肯定就要满足双方的需要，既有别人的，也有自己的。要实现这个目的，我们还要弄清到底是先谈事儿，还是先解决感情问题。

为了便于大家理解，我们先来看图 2–1。

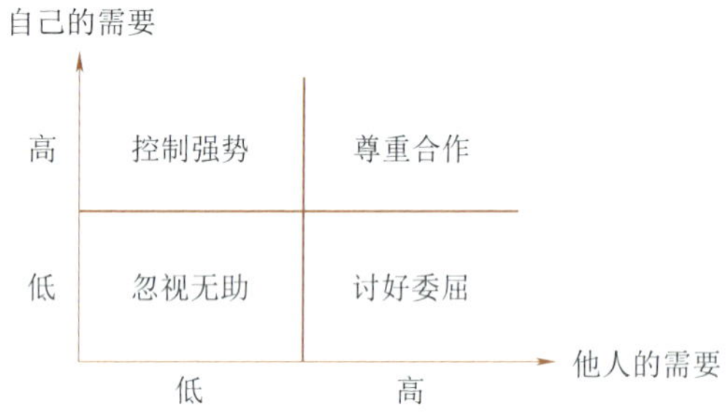

图 2–1　平衡自己与他人的需要

从图 2–1 可以看出，沟通有以下四种模式：

1. 委屈和讨好

如果一个人在与他人沟通过程中，对自己的需要不太关注或关注度很低，总是把别人的需要放在第一位，这种人叫什么？叫“老好人”。

我们身边应该都有这类人，一心一意为别人好，人缘也特别好。可这些行为并不能令他们快乐，因为长期委屈自己、讨好别人，自己的内心所需却不能获得满足，甚至渐渐枯竭。

2. 控制和强势

与委屈自己、讨好别人相反的，是对他人关注极少、只关注自己的需求。这类人在与他人沟通时，很少或根本不把对方的需求放在心上，只在乎自己的哪些需求能得到满足、能获得哪些好处。这种沟通模式叫什么？叫作控制和强势。采用这种模式的人沟通时总喜欢用强势的语言和态度试图控制对方，让对方来满足自己的需求。

这种人在公司领导中比较常见，有人可能觉得这种人很有魄力，但他们的人际关系却很糟糕。因为他们的沟通方式会给人很大的压力，他可能颇有管理能力，但大家并不是心甘情愿地与他合作，而是出于一种害怕，比如怕失去某种利益、怕被惩罚、怕被开除等。合作有两种，一种出于彼此的欣赏与喜欢，另一种就是出于害怕，这两种感觉是完全不同的，所以这种沟通模式并不是真正靠沟通来实现目标。

3. 忽视和无助

还有一种人，在沟通时既不关注自己的需要，也不关注别人的需要，也就是处于一种懒得沟通或不愿沟通的状态。这种沟通模式叫作忽视和无助。

有一个概念叫“习得性无助”，它是一个心理学的专有名词，指一个人在经历了失败和挫折后，面对问题时产生的无能为力的心理状态和行为。所以，这种“无助”来自我们人生中的一次次挫折和打击，最终导致自我评价降低，动机也减弱到最低水平。

1967 年，美国心理学家塞利格曼曾用小狗做过一个非常典型的实验。起初，他将一只小狗每天关在笼子中，然后打开一个蜂音器，开始电击这只小狗，每次半小时，小狗无法逃脱，疼得嗷嗷叫。在另外一个笼子里也关着一只小狗，同时在这个狗笼中放置一个开关，当电击这只狗时，一旦小狗踩到开关，电就没了。

实验人员每天对两只狗进行这样的训练，一个月后，两只狗被放出来，又找来第三只没有经过训练的狗，然后将三只狗全部放在一个围栏里。这个围栏很矮，小狗轻轻一跳就能跳出来。三只狗都被放入后，开始通电，结果怎样？那只没经过训练的狗立刻就跳出围栏逃走了，接着那只在有开关的笼子中训练的狗也跳出围栏逃跑了。唯独那只被连续电击了一个月的狗，怎么都不肯跳出围栏，而是躲在围栏的一角呜呜地叫着。

之所以如此，是因为这只狗已经习惯了每天被电击半小时，它感觉这就是它每天必须经历的，是无法逃避的，所以就算周围没有笼子，只有一个小小的围栏，它仍然不肯逃走。这种行为就是习得性无助。

这种现象在生活中非常多，你会发现有大量不善于沟通的人，在与他们沟通时，他们表现得十分冷漠，这就是典型的习得性无助，因为他们觉得任何沟通都是没用的。

4. 尊重与合作

与以上三种沟通模式完全相反的是一种积极的沟通模式。运用这种沟通模式的人，会在沟通中积极平衡自己与他人的需要，既关注他人的需要，也不忽视自己的需要，他们沟通的目的就是尊重与合作。这也是成为一名沟通专家最应该学习和掌握的一种沟通模式。

学会处理情绪和信息

要成为一名沟通专家，实现良好、高效的沟通，并不是一件容易的事，它不仅要求我们能正确地理解他人想要传达的信息，还要正确高效地向对方传达出我们想要表达的情绪和信息。

图 2–2 体现的是在沟通当中如何处理情绪和信息，也涉及四种模式：

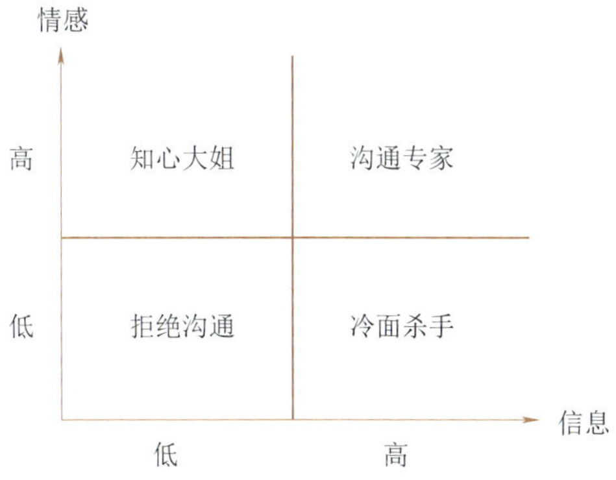

图 2–2　学会处理情绪与信息

1. 知心大姐式

在沟通中，如果一个人对信息的关注度很低，很少或从不关注事情如何发展，而只关注其中的情感和关系，这种人就是我们常说的“知心大姐”。他们看起来很知心，非常看重跟你的关系，你哭他陪你哭，你难受他可能比你更难受，但就是帮不上任何忙，对事情的推进也毫无帮助。因为他们关注的只有情感，而不去或根本没有能力去解决实际问题。

这种人在公司中很常见，就是那些左右逢源的“老好人”。你会发现他们很会安慰人，但就是没什么业绩，也起不了什么实际作用。

2. 冷面杀手式

与“知心大姐”完全相反的是另一种人，这种人永远只谈实际问题，从不谈感情。如果大家看过《穿普拉达的女王》这部电影，其中的女主编米兰达就是这样的人，她对任何人都尖酸刻薄，员工在工作中稍微出现一点儿失误，立刻就被开除。我把这种人称作“冷面杀手”，他们跟人沟通的方式永远都像个没有丝毫感情的“杀手”。

3. 拒绝沟通式

这类人既不跟你谈信息，也不跟你谈感情，完全是一副拒绝沟通的模式。也就是说，他们完全把自己封闭起来，只关心自己的事，许多工程师、程序员就是这样。很多人感觉与工程师、程序员交谈很困难，就是因为他们很少主动与人沟通，有事就找你直接说事，没事就封闭起来做自己的事。这种人自然很难成为沟通专家。

4. 沟通专家式

最后一种就是真正的沟通专家了，他们在与人沟通时，既会照顾对方的情感，也很懂得处理实际问题。有这样一个概念，叫作“百分之百的尊重和百分之百的坦诚”，就是说一个人跟别人谈话时，要做到百分之百的尊重和百分之百的坦诚。能做到吗？很难。有人就曾跟我反映：“您让我坦诚，可我对他却有那么多不满和怨恨，又怎么能做到尊重呢？”

我很理解这种困惑，但实际上，出现这种矛盾是因为我们误解了尊重的定义。当你感觉坦诚和尊重难以并存时，你是如何看待“尊重”的？我想多数人都将“尊重”当成了面子，当成了无条件满足对方的需求。其实并非如此，前文提到，真正的尊重是站在对方的角度，以对方的视角去看待他所处的状况，去标注他此刻的情感。

孩子闹着要跟妈妈玩，但妈妈正忙，没法陪孩子玩。于是，妈妈就耐心地告诉孩子：“宝贝，妈妈知道你此刻一个人很无聊，很想跟妈妈玩。（尊重）但是，妈妈现在真的很忙，如果妈妈现在陪你玩的话，妈妈的工作就完不成，这样妈妈就会被开除，失去工作，我们就没有钱买东西了。所以，妈妈现在要先工作，工作完成了再陪你玩。（坦诚）”

你看，这就既做到了百分之百的尊重，又做到了百分之百的坦诚。

当然，要做到完全坦诚并不是件容易的事，有时我们在坦诚时可能会因为控制不住自己的情绪而“出口伤人”，做不到完全的尊重；对于别人的坦诚，我们又认为那是在故意与我们作对。这样的“坦诚”都不是真正的坦诚，而是在发泄情绪，于沟通毫无益处。真正的坦诚，应该是既尊重别人，也尊重自己，能够心平气和地将自己此刻的需求或感受说出来。尊重与坦诚丝毫不矛盾。

沟通之前先明确目标

我们知道，在一个企业当中，管理的实质就在于通过他人的行动来完成工作。要做到这一点，管理者就要善于激励员工，让员工行动起来，围绕绩效目标展开工作。在这个过程中，沟通是必不可少的。不管是目标的制定，还是目标的执行与检查，都需要双方通过沟通来完成。没有沟通，双方就无法在一些关键性环节上达成共识，结果就是管理者想的是一回事儿，员工干的是另一回事儿，双方无法形成合力。

在沟通过程中，有一点非常重要，就是沟通双方要有一个明确的目标。如果忘记了沟通的目标，忘记了双方要达成的事，不论付出多少努力，最终都会竹篮打水一场空。

现在每到过年的时候，很多夫妻都会讨论该去谁家过年的问题。刚开始讨论时，丈夫说：“当然该去我家，哪有去媳妇家过年的道理?”而妻子却说:“怎么就不能去媳妇家过年呢?何况去年都去过你家了,今年怎么也该回我家过年了!”……结果讨论到最后,两人互不相让,还把以前的很多事扒出来争执,甚至闹着要去离婚!

两人原本是要讨论“春节回谁家过年”的问题,结果到最后却讨论起谁爱谁、谁不爱谁,甚至分手、离婚,这就明显偏离了目标。而之所以出现这样的结局,原因就在于两人在沟通过程中没有把控好自己的情绪,让情绪左右了双方。

那是不是说,沟通中就不能带有情绪呢?当然不是。所谓的谈话高手,并不是完全没情绪,也不是被情绪牵着鼻子走,而是由你带着情绪走,你来掌控它。而不善于沟通的人恰恰相反,双方谈着谈着就忘记了目标,思维也跟着情绪走了,结果只顾发泄情绪,什么都顾不上了。

大家应该都看过有关香港黑社会的影片,比如《古惑仔》《龙城岁月》等。这些影片中都会有这样一些片段:两个帮派爆发激烈冲突,帮派成员带刀挎枪去与对方激战。当双方胜败难分时,就会有个中间人出来讲和。这个讲和的人一般怎么说呢?通常是“大家都为求财,何必这么打打杀杀,伤了和气”一类的话。结果双方就会停下来,因为这句话说到了大家的心坎上。大家出来混的目的不是为了砍人，而是为了挣钱、为了求财。中间人的话，其实就是在提醒双方回到自己的最终目标上，不要忘记初心，忘记了本来的目标。

所以，我们不管是在与家人谈话之前，还是在与员工谈话之前，都要明确自己的目标是什么，这一点非常重要。一旦你忘记了沟通的目标，在沟通过程中就会被潜意识操纵，你就会发现对方不尊重你、不重视你，让你没面子，而你为了争回自己的面子，就可能会与对方翻脸，结果呢？偏离了沟通目标，除了一通发泄之外，丝毫不能改变现实。

那么，我们怎么才能记住沟通的目标呢？方法很简单，就是问自己三个问题：

第一个问题，你要为自己创造什么？

就是你在与对方谈话之前，希望经过这场谈话，让自己达成一个什么样的目标。比如，你想与对方签订一份合同，你希望对方能还你钱，你希望对方能把答应你的事办到，等等。

第二个问题，你要为对方创造什么？

在沟通中，双方都要奔着共赢的目标努力，而不是总想着自己赢、对方输，这样是谈不下去的。所以在与对方沟通前，你还要想清楚，你希望经过此次谈话能让对方获得什么？是一份订单，还是一批他期待已久的货物？等等。

第三个问题，你需要为你们的关系创造什么？

也就是经过这场谈话之后，你与对方的关系是否有所改善，比如，是否能变得比以前更友好、更加彼此信任？是否更容易建立合作关系？

任何一次沟通或谈话，都会涉及以上三个目标，即你的获益、对方的获益和你们彼此关系的获益。很多人会忽略第三点，认为只要让自己和对方获益就行，而不去考虑与对方建立关系，这是很可惜的。

樊登读书有一位西安的学员，也是最早的一批学员之一。他是从事印刷包装行业的，但每到年底他都很头疼，因为很多公司拖欠他的钱款，导致他不得不四处要账。

有个客户拖欠了他100多万元，拖了一年多也要不回来，于是这位学员就开始琢磨：怎么才能把这些钱要回来呢？白道不行，要不试试黑道？可万一犯法怎么办？想想为了100万元又不值得。但这100万元要不回来，他又很不甘心。

巧的是，我那时刚刚讲过一个很重要的概念，叫“双核对话人”。它的意思是说，我们的大脑中有两个“核”，其中一个“核”负责处理谈话的内容，另一个“核”负责处理谈话的氛围，就像双核手机的功能一样。那么大脑中的这两个“核”哪一个更重要呢？答案是处理氛围的那个“核”。如果在谈话过程中，你发现气氛有些不大对，比如对方有些紧张，这时你就要先停掉负责谈话内容的那个“核”，及时来处理谈话的氛围。等气氛恢复正常后，再来继续谈话的内容，这才是有效的谈话，才能实现你的最终目标。

这位学员听完我讲的这本书后，决定用这种方法去试试。后来他告诉我，那天他在去要钱的路上，脑子里一直在不断思考：

“我要为自己创造什么？我要把钱要回来，哪怕要回来 50 万元，我的谈判就成功了。”

“我要为对方创造什么？我要让他感受到诚信的重要，我要让他获得一个诚信的口碑。”

“我要为我们的关系创造什么？我希望我们能‘不打不成交’，今后还可以继续更好地合作，我们还可以有很多生意一起做。”

一路上他不停地重复这些内容，而且越想越觉得理直气壮。最后，当他带着这三个目标与对方沟通后，对方不但痛快地把 100 万元还给了他，两个人还开心地大喝了一顿！不仅如此，这位学员还把他的这位客户拉到了樊登读书，成了我们的一名新会员。

综上所述，在进行任何沟通前，你都要明确自己的沟通目标，而且这个目标不止一个，是三个，分别是为自己、为对方、为彼此的关系。只有带着这样的目标去与对方沟通，你的沟通才可能有效，并最终达到目的。

不尊重的沟通方式有哪些

在与人交往时，不论我们的沟通对象是谁，都应该本着尊重、平等的态度与对方进行沟通。但是，总有一些人做不到这一点，或者说不懂得怎样在尊重的基础上与对方沟通，结果可想而知。

那么，有哪些沟通方式属于不尊重的沟通呢？或者说，在生活中遇到什么情况，我们会觉得对方不尊重自己呢？我在这里为大家列举一下。

喜欢给对方贴标签

对于这个问题，我希望大家能从两方面思考：有没有人给我们贴标签？我们自己又有没有给别人贴过标签？

朋友的儿子一两岁的时候特别爱哭，家里人都搞不清怎么回事，他太太就很生气，认为男孩子不应该这么脆弱，动不动就哭，于是经常对孩子说："你就是喜欢哭！""不要哭，男孩子就不能哭！"

这明显就是在给孩子贴标签，结果怎样呢？不断给孩子贴标签，孩子就会慢慢在潜意识中这样认同自己："我就是喜欢哭。""我就是个爱哭的孩子。"但另一方面，他的内心又非常纠结，因为妈妈说男孩子不能哭。试想一下，这对一个孩子的人格形成来说是多大的伤害？

不仅是孩子，我们大人内心当中也存在着大量的冲突。很多时候我们之所以痛苦，是因为我们内心当中存在着太多的冲突。比如，一方面你告诉自己"我一定要出人头地，赚钱是非常重要的事"，而另一方面你又觉得自己"根本没有能力赚钱"，这就是冲突。从理论上讲，你认为赚钱是件很重要的事，但实际上你又觉得自己不具备这样的能力，所以冲突就产生了。

生活中有大量类似的冲突，一些较为严重的内心冲突还可能导致人格纠结、失调，甚至出现分裂扭曲。

为了让他太太明白这个道理，我朋友跟她认真地谈了谈，希望她不要再给孩子贴标签，并且引导她进行反思："为什么你对于男孩子哭这件事这么在意？"事实上，不论男孩女孩，哭都不是一件多么严重的事，甚至长大后也可以哭。就连我们成年人在面对压力过大等问题时也会哭，何况孩子呢？哭是一种情绪的宣泄，对健康还有好处呢，就连医生都建议偶尔可以哭一次。

在经过多次讨论后，太太终于明白了这个道理。现在，朋友的儿子不但没有因为小时候爱哭而成为一个脆弱的孩子，反而还很乐观、坚强。

所以说，随便给别人贴标签就是一种不尊重别人的沟通方式，大家应反思一下自己，如果曾有过，应尽量避免。

忽视对方的感受

我们前面提到，在沟通时要学会站在对方的角度考虑问题或说话，但有些人偏不这样，做事说话完全忽视别人的感受，从不征求别人的意见。这种情况在与孩子相处时往往表现得最明显。

场景一：

孩子穿了一件比较新潮的衣服准备出门，妈妈突然过来说："脱掉，这衣服多难看，赶紧换一件！"

"我这件衣服不是挺好看的吗？"孩子说。

"不行，太难看了，你不换掉就别想出门！"

场景二：

爸爸带着女儿在沙滩上玩得很开心，妈妈在一旁看书。当爸爸和女儿玩得正开心的时候，妈妈突然来一句："好了，该回家了。"

"为什么啊？我还没玩够呢！"女儿很委屈地说。

"爸爸没那么多时间陪你玩，走吧。"不由分说，拉起女儿就走。

这些场景你觉得有问题吗？从家庭和谐的角度来看，似乎这两个家庭都很温暖，一个场景是妈妈很关心孩子的日常穿衣，另一个场景中的妈妈很体谅爸爸，觉得爸爸很忙，不应该占用爸爸太多的时间。

但是，这其中有个很重要的问题，就是谁在乎了孩子此时此刻的感受？在孩童时期，我们每个人的内心都或多或少地被忽视过。而童年时被忽视，长大后就会产生大量的心理问题。带着这些心理问题与他人相处时，也会或多或少地表现出一些沟通障碍，其中一个就是会忽视别人的感受。

另外，还有一种忽视是我们大家所不能理解的，即溺爱也是一种忽视。比如，孩子在外面跟人打架了，把别人打得满脸是血。回到家后，父母却好像什么事都没发生一样，该干吗干吗。在父母看来，这可能是一种爱孩子的表现：你惹祸我也不批评你、不惩罚你，我多爱你啊！

但孩子会感受到父母的爱吗？并不会。在孩子看来，这是一种忽视：我打了人、惹了祸，我当时吓得半死，可回到家后父母竟然毫无反应，也没告诉我这样做是对是错。一次两次孩子可能觉得侥幸，久而久之他就会产生被忽视的感觉。

所以你会发现，一些孩子从小被当成“小皇帝”，到外面也是“小霸王”，长大后经常打架、犯错，但他同样没有安全感，很大一部分原因就在于父母的长期忽视。这也提醒我们：在与孩子相处时，不要以为不理他、不管他、不尊重他的意见才是忽视，溺爱同样是一种忽视。

用威胁的口气说话

有人喜欢被威胁吗？我想可能很少有人有这种爱好，但是，我却听过特别多的人喜欢用威胁的语气与他人说话。

我很少用威胁的方式跟别人讲话，不管是跟客户、员工，还是和家人、朋友，我都很少用“你如果不怎么做，咱们就怎样怎样”的方式说话。

用这种语气跟人说话会怎样？会反弹。但孩子小时候可能不会反弹，他们会服从、会听话。于是，这也成为很多家长认为有效的教育方式，但久而久之会如何呢？会伤害孩子的自尊，让他们觉得自己的尊严感在下降，而且每被威胁一次，他们的尊严感就下降一点。被威胁的次数多了，他们就会习惯于这种方式，甚至认为人与人相处就是这样的，而他们自己在与人沟通时也会以这种方式说话。所以我们经常会看到很多青春期的孩子威胁父母：“你不给我买手机，我就自杀给你看。”“你不让我玩游戏，我就跳楼！”诸多悲剧就是这样产生的。

由此可见，威胁不但会影响人际关系，更重要的是会降低对方的人格，破坏人与人之间的尊敬与信任。而要真正解决这个问题，首先要从根本上解决我们内心的价值观问题。事实上，当你的内心不认为某种做法是正确的，是一种对他人的尊重，你就不会说出恰当的话来。

有一天，我儿子跑过来跟我说一件事儿，说到最后，他说：“爸爸，我发誓就是这样。”我当时就愣住了，但没有马上跟他讨论这个问题。

晚上带他下楼散步时，我对他说：“儿子，你今天跟爸爸说你发誓，这件事让爸爸感到有些不安。”我就是这样开头的，这也是我们在沟通中应该掌握的一种方法。

他当时很不以为然：“哦，那怎么了？”因为他不明白这句话为什么会让我不安。于是，我对他说：“因为你跟爸爸说话永远都不用发誓，你说的每句话爸爸都会相信，你不用通过发誓来证明自己说的是对的。”

我说完这句话后，儿子特别感动，眼里甚至还泛起了泪花，然后点点头说：“好，爸爸，我知道了。”

接着，我又问他：“那你这句话是从哪里学的？因为我们家从来不会这样说。”

他说：“在我们班里学的，我们班的同学都这么说。”

我这才放心，因为这不是被大人逼迫或威胁后说的，而是小孩之间的一种游戏。但从那次提醒后，他再没跟我说过一次“我发誓……”这样的话。

大家可能不理解我为什么会特别在意孩子说“我发誓……”这句话，因为这句话会让我感到他的自尊水平正在下降。如果一个孩子特别自信，自尊水平很高，他就不会为了取得别人的信任或重视而随便跟对方说“我发誓……”。所以，如果父母的价值观是正确的，在与孩子沟通时不威胁、恐吓孩子，而是充分重视和尊重孩子的意见，孩子的自尊水平就不会下降。尊重像什么？有个比喻我觉得特别好：尊重就像空气，它存在的时候，你不会有感觉，但一旦它不在了，你立刻就会感到不舒服。因此，尊重在沟通当中非常重要。

喜欢与别人攀比

爱攀比的人在我们的生活中很常见，究其根源，其实这是一种虚荣浮躁、渴望认同的心理在作祟。在《史记·项羽本纪》中，项羽曾说过这样一句话：“富贵不归故乡，如衣锦夜行，谁知之者！”这说的是项羽攻占咸阳后，有人劝他先定都，然后集结兵力一统天下，可项羽却急着要回故乡，认为“富贵不归故乡”，不给父老乡亲看看，如衣锦夜行，就像穿着漂亮的衣服在夜里行走，谁能知道呢？结果错失良机，被壮大起来的刘邦打得落花流水，一败涂地。

喜欢与人攀比的人，无非就是希望通过获得别人的认可和赞扬来满足自己的虚荣心，但这样的结果只会让人厌烦，甚至还会在无意中伤害别人，使别人不自觉地陷入被动攀比当中。当看到人家各方面都比自己强时，心里自然不是滋味，于是也不想再与对方继续交流，这也是大多数人的自然反应。

另外我还要强调一下，家长永远不要拿自己的孩子与别人家的孩子比，动不动就说："你看人家 ××，每次都考第一。""你看看你表哥，上的名牌大学。"……当你不断在孩子面前说这些话时，其实是在不断降低孩子的自尊水平，让孩子感觉自己不行、不如别人。这样不仅不能让孩子奋起，还会让他变得自卑、敏感。

以上这四种沟通方式，都属于不尊重的沟通方式，在与人沟通时，我们应尽量避免，既不要让这些沟通方式影响了你的人际关系，也不要让它们影响到你与孩子的沟通，甚至影响到孩子的心灵健康。

第三章

沟通高手都善于掌控情绪

当我们在沟通中遭遇不愉快，进而产生消极的情绪变化或心理状态时，最重要的是控制这种糟糕的情绪或心理蔓延，别让自己被情绪所左右，否则沟通效率会大打折扣。

停止你的暴力沟通

什么是暴力沟通？举例来说，如果一个老师对学生说："你怎么这么笨？我都教过你好几次了，你还把题做错！"这就是暴力沟通。作为一名老师，用带有贬义的词语来评判自己的学生，会让学生很受打击，这也是暴力沟通带来的直接后果。相反，如果老师这样说："这些题老师已经给你讲三遍了，现在你又做错了，是不是还有不理解的地方？"换成这种陈述事实的方式来与学生沟通，学生会更容易接受。

前文有述，沟通目的的共性是尊重与合作，简单地说就是要平等对话、友好协商。但在现实生活中，很多人常常会莫名其妙地陷入暴力沟通当中。

丈夫下班回到家，看到家里乱成一团，妻子也没做饭，正在床上哄一岁的女儿睡觉，立刻就生气地指责起来："你这天天在家都干什么了？房间也不收拾，饭也不做，就哄个孩子而已！我上一天班回来，连口热饭都吃不上，还不如不回来！”

妻子一听也很生气，本来哄一天孩子已经很累了，还要给丈夫做饭、做家务，现在不过晚做了一会儿饭，就被丈夫指责一通，心里非常不舒服。于是两人大吵一通，各自生了一肚子气，该解决的问题一样也没解决。

这样的场景就是典型的暴力沟通，不仅解决不了任何问题，还会让问题更加严重。

那么，暴力沟通是如何产生的呢？为什么我们不能好好沟通，偏偏要夹枪带棒呢？原因就在于我们很容易被暴力沟通的情绪所掌控。一旦情绪失控，原本普通的日常交流就会演变成为一种暴力行为。

暴力沟通的出现主要有以下几个原因：

道德评判

当某人做了一件事后，我们感觉这个人做的事不能让我们满意，就会产生不满情绪，继而产生一些习惯性的定义，比如认为这个人很没修养、没素质、不尊重人。

大家应该有过这样的经历：在开车时，如果我们的车里坐着家人或朋友，他们在用完手纸后，随手就把纸扔出了窗外，我们可能觉得这种行为不合适，但通常不会因此就认定该人“没道德”“没素质”。

然而，当你发现前面一辆车里的人朝外扔手纸时，你立刻就会说这人“没道德”“没素质”。

这就是一种道德评判，因为你在指责对方的行为，而指责其实就是一种暴力沟通。如果此时让你下车跟对方交涉，你也很难心平气和地与对方分析这件事的对错，而是会直接指责对方行为不当。因为你是带着不满情绪去的，结果也只会演变成一场暴力沟通。

进行比较

这种行为的表现就是经常拿身边的人跟别人比：“你看看人家 ××，又升职了！”“你看看 ×× 家孩子，考上名牌大学了，你怎么就不行？”一进行比较，你的不满情绪就会流露出来，接下来的沟通自然也不会愉快。如果一个人不能客观地看待别人，也就不可能以平等、尊重的态度与对方进行沟通。

回避责任

有些人在沟通时总喜欢把责任推给别人，动不动就说“我不得不这样”“这件事我是被迫的”……这是一种“习得性无助”的状态，让自己陷入抱怨和痛苦的情绪之中。以这种回避自己责任的态度与别人沟通，也会令沟通陷入僵局。

强人所难

这种状态在家长与孩子的沟通中最为常见，家长们常常打着“我是为你好”的旗子，“苦口婆心”地要求孩子按照他们的想法行事，甚至威胁孩子：“如果你不这样做，我就怎样怎样。”这对孩子来说是多大的威胁呀！如果孩子不遵从，就会演变成一场暴力沟通。

事实上，我们沟通的目的是为了解决问题，而不是发泄情绪。情绪是一把要命的双刃剑，你发泄时的确很痛快、很爽，但结果却很可能会让你付出本不该付出的代价。尤其在沟通不畅的情况下，暴力沟通的方式会令沟通更加困难，甚至难以继续。

要想解决问题，就必须停止暴力沟通。哪怕你真的有负面情绪，如不满、愤怒、伤心、失望等，首先要做的也是学会表达自己的感受，而不是直接发泄情绪。拿上面的案例来说，丈夫回家发现妻子没做饭，就可以换个方式来沟通：

“亲爱的，我知道你照顾孩子很辛苦，有时顾不上做饭，但我上一天班，午饭又吃得不好，有时下班回来就会很饿，所以我希望你能趁孩子睡觉时给我简单准备一点饭菜，可以吗？”

在这个沟通过程中，丈夫除了陈述妻子没做饭的事实，没有任何负面评价，同时也恰如其分地向妻子传递了自己的需求。

沟通的魅力，就在于能对对方的感受有切身的体会。而无效沟通则是一种“对牛弹琴”的感觉。暴力沟通就是一种无效沟通。那么，我们怎样才能停止这种无效沟通，以一种非暴力的方式实现有效的沟通呢？

我给大家总结了一个沟通的公式，大家可以学着套用一下，这个公式就是“我观察到……我感觉……是因为……我请求……”。

“我观察到……”

“我观察到……”就是陈述你看到的事实，这也是你在沟通时首先要说出的话。比如，丈夫每天很晚才回家，那么妻子的第一句话不能是“你还知道回来啊”或“你怎么不死在外面”，而应该是“最近你回来得都很晚”“你回来时身上都带着酒气”，这些都是你观察到的事实。而且在说这些事实的时候，不要加入太多评判性的话语。

“我感觉……”

讲完事实后，接下来你就可以讲出自己的真实感受了，比如“我觉得很难过”“我感到很失落”“我很伤心”等等，这些都是你的感受和体会。

“是因为……”

这一步开始讲原因，即你为什么会感到难过、失落、伤心，比如“因为我希望我们的家不要像个旅馆”“因为我希望我们能一起聊聊天，这样才有家的感觉”……这些是导致你不良情绪的理由，你应该平静而清晰地表达出来。

“我请求……”

直接说出你的明确请求或希望，如“我希望你能每周抽出一天时间陪我”“我希望你能在9点钟之前回来”等等。

当你停止暴力沟通，改以这种表达方式与别人沟通时，就会减少很多矛盾，彼此的关系也会变得更加平等、更加互相尊重。

远离“傻瓜式”沟通

人类的大脑可分为三个层次，其中最核心的一层为脑干，也叫爬行动物脑，主要负责人的心跳、呼吸、睡眠等生理活动；中间的一层为脑缘部分，也叫情绪脑，主管人的情绪、记忆、体温及其他居家活动等；最外层为大脑前庭，也叫理性脑，主要负责人的语言、逻辑、认知、反射、意识等高级思维活动。

在脑缘中有一个重要的部分，叫作杏仁核，它的主要功能是产生情绪、识别情绪和调节情绪，同时还负责学习和记忆功能。当人体遭受外界刺激时，杏仁核会促使人出现强烈的朝向反应。比如，当一只狗突然向你扑来时，你的大脑会立刻做出两种反应：要么让你冲上去拼了，要么让你撒腿就跑。当然，人在最关键时刻体现出来的往往是第三种反应——呆立不动，不知道该怎么办，俗话叫“吓傻了”。

如果你在大街上被坏人抢劫，要是被吓得不厉害的话，你可能会马上呼救。而且凡是能喊出“救命”的人，多数都没大碍。此时是大脑前庭部分在起作用，因为有反射，知道呼救。

但如果有人拿把枪顶在你头上呢？你还敢喊吗？这时候大脑前庭部分基本会立刻封闭，不再起作用了，起作用的是杏仁核，它会促使人思考：是拼命反抗，还是找机会逃跑？此时，人根本没有呼救能力，完全依靠哺乳动物的原始本能来行事。如果胆儿大，可能会选择拼死一搏；谨慎一点儿的话，就会寻找别的逃跑机会。

当然，当你被五花大绑地摁在地上，后面的人已经拉好枪栓，马上准备向你开枪时，你是既不会呼救，也不敢逃跑的，因为此时已经是大脑中最核心的部分——脑干在起作用了，它会想尽办法让你回归到爬行动物的状态，减少消耗，保存体力，努力活下来。所以我们经常看到一些报道，说某人被埋了很长时间，被救出来后居然又活了，这就是脑干在发挥作用。

通过这个案例我们知道，大脑中的杏仁核经常会“绑架”我们，影响我们的情绪和判断，并促使我们做出一些相应的反应。比如在生活中，妻子指责丈夫不关心自己，丈夫马上脱口而出：“还让我关心你，那你关心过我吗？”在说这些话时，就是杏仁核在起作用。当我们的大脑无法正常思考时，我们就会排斥需要缜密思维的复杂情况，从而更倾向于做出战斗或回避的简单选择，并认定这样做的理由十分正当。

比如，我们可能会这样想："为了让我自己有面子，我要想尽一切办法来诋毁羞辱对方。虽然这样并不太光彩，但这样做绝对没错！"或者"我才不要理会他，我只想躲得远远的！"

在这种愤怒的情绪下，我们的言行就会像一个没脑子的傻瓜，此时做出的选择就叫"傻瓜式"选择，即要么跟对方争吵下去，要么逃走，而不会去思考如何以更有效的方式与对方沟通。就像你明知道对孩子发脾气并不能让他的成绩变好，反而会变得更糟，但你仍然忍不住要对孩子发脾气。

要摆脱这种状况，我们就要尽量避免"傻瓜式"选择，让大脑学会在情绪激动的情况下处理一些复杂的问题。比如，在出现愤怒情绪时，我们就马上对自己说："我的杏仁核起作用了，我要缓一下。""发脾气并不能解决问题，反倒会让情况更糟，我要想想是否有更恰当的处理方法，或其他可能性。"

之前我们讲过，大脑皮层中还有个基底核，也就是我们潜意识存在的地方。当我们做某些事形成习惯后，这些习惯就会被存入潜意识之中，并不断强化。此后再做类似的事，基底核就会直接控制我们的行为，因为它们已经成了我们的一种习惯。

而在沟通过程中，除了杏仁核会左右我们，基底核也会左右我们，让我们在无意中甩出一句话，结果莫名其妙就令对方感到很不愉快。这是因为你已经习惯了这种沟通方式，你的习惯性反应就是如此。

我在跟员工们沟通或在外面讲课时，都会很客气地说普通话。但只要我一回到陕西，一说陕西话，我说话就没那么客气了，各种俗语方言、怼人的话全都冒出来了。这就是基底核在起作用，因为我曾经在这里生活了很多年，已经习惯了这种沟通方式。

为了避免这种沟通方式带来的沟通障碍，我们必须更多地调动大脑前庭和大脑皮层的作用，去克服杏仁核和基底核给我们的沟通带来的情绪影响，远离“傻瓜式”沟通。只有在我们学会打破大脑中的思维惯性后，才能在沟通中避免让自己产生“我心情不好是别人造成的”这样的想法。如此，我们才能回归沟通的本质，而不是去针对那个令我们愤怒的人。

当我们慢慢习惯于这种有效的、非暴力的沟通方式后，这种方式也会慢慢形成习惯，继而深入我们的基底核当中。这样再与人沟通时，即使杏仁核仍然会蹦出来左右我们的情绪，藏于基底核中的习惯也会站出来帮我们抵御这种不良情绪，让我们去关注事情的本质，而不是被情绪左右。

奖惩式沟通的代价

奖惩式沟通在我们的生活和工作中随处可见。在生活中尤其普遍存在于家长与孩子之间，在职场中则普遍存在于上司或老板与下属之间。它的直接表现是：你表现好，我就奖励你；表现不好，我就惩罚你。

比如，在孩子考试前，有些家长会对孩子说："你这次如果考 100 分，我就带你出国去旅游。""你要是这次考不了全班第一，我什么都不会给你买。"……结果呢？孩子不但没有对学习更有动力、更有兴趣，反而容易产生厌学情绪。

再比如，上司向下属交代工作时大多会说："这是个大项目，如果你能完成得让客户满意，升职加薪都是小意思。""离完成全年任务还有一个月时间，如果年终绩效考核不过关，公司会根据未达标的比例扣发年终奖。"……

上司和老板的原意是想鼓励下属，但时机不恰当的话，这种鼓励会变成无形的压力，下属的士气不但没有被调动起来，反而还会大跌，最终影响业绩的完成。

为什么会出现这种情况？

事实上，这种奖惩方式就是一种“胡萝卜加大棒”策略，即运用奖惩并存的手段来诱发人们相应的行为。它最早出自一则古老的故事，说要想让驴子快速地拉车前进，要么在驴子前面挂一根胡萝卜引诱它，要么就拿一根棍子在后面驱赶它。

那么，“胡萝卜加大棒”策略有没有效呢？有，但前提是你面对的是一个动物，因为这本来就是对动物实施的方法。而我们沟通的对象是人，有着复杂的思想、情绪、状态以及尊严感，这些对他的学习和工作都会产生很大影响。在这种情况下，你的“胡萝卜加大棒”策略不仅无效，还可能导致不良后果。

对于孩子来说，学习成绩好本身是件美好的事，但家长却将它当成一个可以交换的东西，那么孩子就会将学习好当成一种获得奖励的方式。同样，员工努力工作虽然可以获得高工资，但更重要的是为了提升自己的能力，高薪、奖金或奖杯都是努力工作的附带结果。如果你努力工作只为获得高薪、奖金，一旦没实现，你就会动力不足，甚至质疑自己的能力。

所以说，奖惩式沟通弊端多多，甚至会让你付出巨大代价，具体来说有以下四点：

破坏对方的安全感和信任感

孩子的安全感和信任感最初来自父母无条件的爱，但如果父母出于控制孩子、让孩子听话等目的，经常与孩子进行奖惩式沟通，就会破坏孩子的安全感和信任感。孩子会觉得要获得爸爸妈妈的爱、关注、陪伴，就必须努力学习、好好听话，否则自己可能就会一无所有。如此一来，父母对孩子无条件的爱、关注和陪伴，就会与孩子好好学习、听话之间形成一种交换关系。当孩子有这种感觉后，他们又怎么能从父母那里获得充足的安全感和信任感呢？

同样的道理，在职场上，下属的成就感主要来自工作中的成绩和上司的赏识。如果上司总是拿绩效考核指标来压迫下属，采用奖惩式的沟通来与他们对话，那么下属在上司那里就很难获得成就感。成就感一旦消失，很多人就会失去工作的动力，业绩反而会变得一塌糊涂。

打压对方的内驱力

鼓励对方为获得奖励或逃避惩罚而努力，而不是遵从自己的内在价值去行动，这一点危害很大。要完成一个任务，出于内在动力或意愿去完成和在“胡萝卜加大棒”策略下去完成相比，结果可能一样，甚至“胡萝卜加大棒”策略更显效。但在这两种情况下，人的内心会产生哪些变化呢?

显然，出于内在动力或意愿去完成一件事时，人的内心应该是充满热情的；而在“胡萝卜加大棒”策略下，人的内心往往会积累越来越多的怨恨：“为了得到爸爸妈妈的认可，我竟然抄袭别人的答案!”“我竟然为了这点钱出卖自己的尊严。”……这种情绪是很可怕的!

一次与一位企业高管聊天时，我问他：“你怎么看起来一点都不高兴呢？跟我聊聊你的工作吧。”

没想到他马上沉着脸说：“不要跟我谈工作，8 小时之外我从不谈工作!”

我很意外，就安慰他说：“你这么不开心，其实应该调整一下，让自己高兴起来。”

他说：“不需要，我不需要高兴。”

我又问：“为什么?”

他说：“工作啊，就是生活的代价，我愿意为生活付出这个代价，所以我每天都认认真真地工作，承受很多痛苦。但是，8 小时之外我就不想再谈工作，连想都不愿想。”

这其实是一种很糟糕的状态。试想一下，每天有 24 个小时，8 小时是痛苦的，那就意味着每天有三分之一的时间是痛苦的。再放大一点，人生差不多三分之一的有效时间是痛苦的，人的状态又如何能好呢？

再者，这样的人绝对不会努力地想要成为一个最棒的工作者，他们工作只是为了拿到那份工资，所以对工作的态度也是能对付就对付。这样的工作态度，又怎么能在工作中获得快乐和提升呢？

对此有人可能会提出异议：工作本来就是为了赚钱啊，只工作不谈钱不是耍流氓吗？我相信很多人都会有这种想法，认为人生当中就是不断地交换：你给多少钱，我干多少活。表面看这好像很有道理，但你忽略了一个最重要的问题：在这份工作当中，你自己的内在价值是什么？你有没有从内心中产生真正的动力？

爱因斯坦的《广义相对论》发表之前，《狭义相对论》已经发表了，而爱因斯坦也已成为德国的院士。就在这个时候，他忽然宣布："我要继续研究广义相对论。"普朗克劝他说："你不要再去研究了。第一，你研究出来，也没人能看得懂；第二，你很有可能根本研究不出来，结果一世英名毁于一旦。所以，你还是不要去做这件事了。"

但爱因斯坦回答说："正因为如此，我更要研究。"

达·芬奇是一位伟大的画家，他画画有一个显著特点，就是从来"不交活儿"。什么意思呢？

比如，有人给他一笔钱，让他给自己画一幅自画像，达·芬奇拿到钱后就开始画，却一直画不完。不是他故意不画完，而是他一直觉得画得不够好，还可以画得再好一些。于是就这样一直画、一直画……

达·芬奇最著名的画作是《蒙娜丽莎》，这也是达·芬奇最喜欢的作品，历时几年才完成。但直到临去世的前几天，他还在对这幅画作进行完善，就是“不交活儿”。也就是说，他不是为了佣金工作，而是为了自己的爱好、为了自己的内心、为了自己的创造力而工作。

这就是内心的价值。

所以，如果一个人做事不是出自内心的价值和动力，他就会很痛苦。而通过奖惩，又会令对方把重点全都放在要做的这件事上，忽略自己内心的价值和动力。这是第二个要命的代价。

剥夺了对方与你合作的快乐和愿望

前面我们说过，沟通目的的共性是尊重与合作。什么样的合作才是好的合作呢？自然是愉快的、能够达成共赢的合作。在建立合作之前，对方是抱着“愉快、共赢”的愿望的，但如果你告诉对方“你如果不做，我就不给你好处；如果你跟我合作，我就给你多少多少好处”，对方内心的感觉就变了。

当然，这种变化是非常细微的，我们只能自己体会。也许你说这句话时表现得很客气，也很真诚，而且觉得这是很正常的现象，做生意嘛，自然都想图点好处。但当你用这种奖惩的方式与对方沟通时，你与对方的关系立刻就发生了改变，你们也只能是甲乙方关系，而不再是合作者或朋友。至于你们双方是否能从这种关系中真正获得快乐，只能你们自己衡量。

那么是不是说，在生活中的任何时候都不能运用奖惩式沟通呢？也不能这么绝对，因为这不是沟通的核心，我们只能说奖惩式沟通是沟通的一大威胁。

让对方学会了用奖励和惩罚获得他想要的东西

在家庭教育中，我经常用另一个词来代替奖惩式沟通，就是“交换”。在我们和孩子之间最重要的是什么？是无条件的爱。但当你经常与孩子用交换的方式说话时，你对孩子的爱就不是无条件的了，比如有些家长经常跟孩子说：“你期末考试进入前十名的话，我就奖给你一部手机。”“你这次比赛拿到第一的话，我就带你去旅游。”这种沟通都是交换。虽然父母的本意是爱孩子，但孩子从中获得的信息却是：我只有满足什么条件，才能换来我想要的东西；甚至会认为：我只有满足什么条件，爸爸妈妈才会爱我。哪有父母不爱自己孩子的呢？可你的沟通方式却令孩子感受不到你对他的爱。

如果你经常以这种方式与孩子沟通，孩子长大后，也很容易拿着你们“遗传”给他的沟通方式来跟你沟通：“你不让我学唱歌，我就不读书了！”“你不给我买手机，我就离家出走！”这是不是在谈条件？可是，孩子的这种沟通方式，不正是你“教”给他的吗？

所以说，奖惩式沟通虽然能暂时让孩子听话，但长期来看却很不利于孩子的成长，它会让孩子学会用奖惩的方式来获得自己想要的东西，而不是通过自身的努力去争取，这种利害关系是很明显的。

沟通中切忌挖苦嘲笑

吴晓波曾经讲过一个故事，这个故事发生在1999—2003年期间。当时国企改革，有两千多万名工人下岗。在这些下岗工人当中有一对夫妻，两人都下岗了，但孩子还在读书，家里需要用钱的地方很多。

有一天，孩子放学回来说学校要开运动会，老师让大家都穿运动鞋，可当时这个家庭经济特别困难，根本没有多余的钱给孩子买鞋。

于是，妻子开始数落丈夫，怪丈夫没本事，不能像别人那样挣大钱，让妻子孩子跟着受苦。丈夫埋着头，一言不发，过了一会儿，丈夫默默走向阳台，从窗口一跃而下……

贫穷和下岗原本就已经让丈夫的情绪处于崩溃边缘，而妻子的讽刺挖苦更加剧了丈夫的绝望，于是悲剧发生了。其实两个人原本就是在一起经历困难时期，再多的挖苦、讽刺、嘲笑都无济于事。如果妻子这时能安慰丈夫一下，或跟丈夫一起想办法解决问题，可能就不会酿成这样的悲剧了。

当然你可能说：“我有时就是控制不住自己，不吐不快！”很显然，此时的你已经被杏仁核绑架了，但你要明白：当你在尽情地宣泄自己的情绪，用苛刻的语言挖苦嘲笑对方时，于你们的沟通有益吗？可能只会让接下来的沟通更难进行，结果也只能是伤人误己，于事无益。

明确沟通目的，理性交流

沟通的前提是尊重，目的是要解决问题，而不是发泄情绪，所以在沟通过程中，最重要的是控制住负面情绪，不要让情绪影响到理性分析。即使你要向对方表达自己的感受，也不要随便给对方的行为下定义、贴标签。比如：

- “你怎么懒得像猪一样，到现在还不起床？”
- “你真是没用，挣的钱都不如农民工挣得多！”
- “你怎么这么差劲，供你上学简直是白白浪费钱！”

……

试想一下，当对方听到你说出来的这些话时，哪还能心平气和地与你沟通？你不仅不能实现沟通的目的，甚至还可能引起对方的不满和反击。

沟通是建立在尊重的基础之上的理性交流，在尊重对方的前提下，如果我们换一种说法，也许效果就完全不同了。比如上面的话，如果换种方式来说就是：

- “我看到你还没起床，现在天已经大亮了。”
- “虽然你现在赚得不多，但只要努力，总会有希望的。”
- “我看到你这次考试的成绩不太理想，可能你在某些方面还要继续努力。”

……

当然，有时良好的请求可能也不一定会获得好的反馈，但至少不会破坏对方的心情，也不会让眼下的沟通状态更糟糕，这样接下来的沟通就有希望朝着好的方向发展。

批评可以直接客观

沟通不可能永远都是赞美、商量和请求，对于那些出现错误或具有缺点的沟通对象，有时免不了要用到批评。但比起赞美、请求等沟通方式，批评会显得更加困难，因为批评不是最终目的，而是使沟通与沟通之后的执行更加顺畅的手段。可人们恰恰容易把批评当成目的，结果忽略了沟通的本质需求。

所以你会发现，有些人在批评出错的一方时，将沟通当成了发泄情绪的渠道，对对方丝毫不留情面，讽刺、挖苦、嘲笑、指责……统统上阵，怎么难听怎么说。出错的一方原本想要虚心接受批评，结果却觉得自己受到了不公平对待，成了批评者宣泄情绪的“垃圾桶”，双方的沟通也因此陷入僵局。

在美国 FBI（联邦调查局）中，沟通技巧被认为是一种非常重要的工作方法，而其中怎样批评下属，也是很多 FBI 领导所重视的。

有一次，某市的一家大型首饰店遭到抢劫，店员趁歹徒不注意报了警，警察很快就包围了这家首饰店。歹徒见状，就挟持了几名人质，并要求警察提供车辆供他们逃跑。警察一边假意答应，拖延时间，一边积极想办法。但这种策略很快就被歹徒识破了，歹徒要求警察在 5 分钟内为他们提供车辆，否则就杀掉人质。在这关键时刻，一位 FBI 基层探员站出来，说愿意把自己的车提供给歹徒，换出人质。歹徒抓住这个机会，很快就逃掉了。

事情很快就引起了轰动，FBI 的探员竟然放走了歹徒！在这种情况下，FBI 组长马奇找到这名探员，但他并没有严苛地批评他，而是平静地说：“你的做法的确挽救了人质，但作为一名新探员，你擅自做主，放跑了歹徒，这让市民很难相信我们的执法能力。”

此时探员也意识到了自己的冒失和错误，而马奇继续说：“我也不想再多批评你，你应该做的是尽快抓到歹徒，向公众有所交代。”

马奇虽然直接对探员提出了批评，但很客观，没带任何个人评判，更没有挖苦讽刺，所以很容易让人接受。

从人格角度来说，任何人都是平等的，不存在高低贵贱，不论对方是否犯错，你在与对方沟通时都不应该说一些带有贬损对方自尊和人格的话。与此同时，为了让沟通更有效，在批评之后，你还要尽量帮助对方面对他所需要解决的问题，并在此时进行适当的沟通，让对方感觉到你解决问题的善意和真诚，让你们的沟通达到相互满意的结果。

不抱怨，把握沟通的尺度

沟通其实是个很抽象的名词，它的内涵要比我们在字典中看到的解释深奥得多。当我们与他人沟通时，要与对方互相传达信息、表达感情，或者展示自己的某种特长、爱好等。从某种程度上来说，沟通是人与人之间发生关系的一种方式。如果我们不能很好地与他人进行沟通，就不能全面地了解自己和他人。

但同时我们又看到，在沟通时，总会因为种种原因出现一些不良的情绪，这些情绪与我们对现实的感觉是密切相关的。比如抱怨，当我们对一些人或事感到不满时，首先想到的可能不是马上去与对方进行深入沟通，或想办法解决问题，而是先找人抱怨一番。

不知大家看没看过 A.A. 米尔恩的《小熊维尼》这套书？书中有一头名叫屹耳的灰色小毛驴，虽然它有不少朋友，但它总是不快乐，每天都觉得有不好的事情会发生。比如，它觉得朋友们都不记得它的生日；但如果大家记得了，并且为它举办了生日派对，它又会想方设法地不去参加派对。此外，野餐时下雨，生活中出现问题，都会让屹耳感到悲观，也都要跟朋友抱怨一番。

生活中这样的人很多，他们看到的总是事情坏的一面，动不动就牢骚满腹，不论是在生活中还是工作中，一有机会就要把自己的不满情绪发泄出来。比如：“我已经告诉你了，让你在我的面包上涂果酱，可你却给我涂了奶酪！你总是这样，什么都做不好！”“你又把房间弄乱了，为什么每次都要把房间弄乱？”“你为什么不在适当的时候给我打电话？”……

抱怨的主语是“你”，所以抱怨也就是在指责别人的不是。从主观上来看，抱怨似乎在维护自己的自尊，是一种自我保护，与其让自己体验痛苦、自责、焦虑等负面情绪，不如将矛头指向别人。但事实上，抱怨也是一种暴力沟通，它不但解决不了任何问题，还会重复消极的心理暗示，把自己的不良情绪传递给别人，让沟通更加不畅。

我有个朋友，体形很瘦，但他妻子有点胖，经常说要减肥。有一天晚上，朋友下班刚回到家，妻子就跟他说：“咱们今天就不吃晚饭了吧，反正我正在减肥。”意思就是她不吃晚饭，所以就不想做饭了。但我朋友很瘦啊，他又不想减肥，而且上了一天班肚子早就很饿了，听妻子这么一说，他感到很生气。

随后，朋友给我打电话抱怨："你说这像话吗？她不吃饭就不做饭了，难道不知道我要吃吗？"

我说："那你可以提出你的要求啊！"

朋友说："我提了呀！"

我问他："你是怎么提的？"

朋友说："我就说你得好好做饭，不能天天这样混日子。"

结果呢？他妻子也很生气，说："我怎么不好好做饭了？我不是给你煮方便面了吗？你可以吃啊！"因为他妻子认为煮方便面也是好好做饭。

大家看，朋友有不满情绪，不论是在跟我的沟通中，还是在跟妻子的沟通中，都充满了抱怨，但抱怨并没有真正解决问题。

要想通过沟通解决问题，就要停止这种抱怨式的暴力沟通，用有效的方式与对方进行沟通。我在这里给大家提供几种方法作为参考。

表达感受，提出诉求

感受是体验的一部分，在正式沟通之前，不论你是想加薪，还是想获得他人的关注，都要先控制住自己的情绪，转而直接表达自己的感受。比如，男朋友忘了你的生日，你可以对他说："在生日那天，我没有收到你的祝福，我感到很伤心。"而不是说："你怎么连我的生日都不记得？你肯定不爱我！”

当然，在表达感受时，要多使用“我”，少使用“你”，这样就能更好地避免暴力沟通的发生，像“我感觉……”“我认为……”等，都是在陈述自己的情绪状态，为接下来的沟通打开了一扇门。

随后，你就可以提出你的核心诉求了，也就是你想通过此次沟通解决什么问题，这也是你在沟通时要达成的目标。要注意，你的诉求一定要具体、清晰、准确，像案例中我那位朋友提出的诉求就过于模糊，而每个人对于模糊的词的理解是不一样的。所以我建议他在向妻子提出诉求时一定要具体，比如：“我们可以每周有三晚在家做饭，每顿晚饭应该荤素搭配、三菜一汤。”这样才是具体要求，对方才能领会到你的真正需要。

阐述诉求的原因

我们不但要提出自己的具体诉求，必要时还要阐述清楚为什么要提出这样的诉求。再拿我朋友的案例来说，当他向妻子提出每周有三晚在家做饭、每顿饭应该有什么菜时，要向妻子说明原因，如“如果每天晚上都不吃晚饭的话，我会很饿，而我又不需要减肥”“荤素搭配才能满足身体所需”，等等。

很多人在描述问题时，往往会不经意地带进个人评价，导致诉求和对现状的描述混为一谈，影响沟通，这一点要尽量避免。

向对方提出你的建议

在向别人表达感受、提出诉求后，你的诉求可能会被拒绝，对方不愿意满足你提出的要求，怎么办？

在这种情况下，切记不要用抱怨的方式来沟通，否则会陷入一种恶性循环式的沟通之中。你可以同时提出相应的解决方案，比如“每周的三次晚饭我们分工合作，你做饭，我洗碗”或“我们可以轮流做，你做一次，我做一次”。

总之，我们在进行沟通之前要控制好自己的情绪，不要一开口就抱怨连连，使沟通还没开始就陷入无效状态。不抱怨、不诋毁才是健康的沟通方式，才能获得解决问题的最佳方法。

利用复述和认同感染对方

心理学上有一个“踢猫效应”，大家应该都不陌生。“踢猫效应”告诉我们，情绪是可以传递或相互感染的，这种情况也叫“情绪链”。在沟通过程中，这种效应经常出现。

一般来说，当我们的情绪出现问题时，大多是因为有其他的人或事诱发了我们的情绪，而再往上推演，也一定有其他的人或事点燃了这把火，这个人制造了糟糕的情绪，就如同释放一个病毒，后面在不断地复制和传递。与此同时，我们也可能会将这种不良情绪传递给下一个人……结果整个沟通过程就像一个恶性循环，谁也逃不脱。

> 1992年，意大利的一位科学家做了一次实验，他在研究猴子的大脑时发现，猴子在做动作时，它们大脑中某个位置的神经元就会被激活。而当猴子看到其他猴子或人做同样的动作时，它们大脑中那个特定位置的神经元也会被激活。

其实，猴子大脑中的神经元就像是一面镜子，会直接在观察者的脑海中映射出其他动物或人的动作，所以也叫作“镜像神经元”。后来科学家又对人的大脑进行研究，发现人的大脑中也存在这种镜像神经元。它不仅能对人的一些行为产生镜像反应，对人的面部表情和情绪也会产生同样的反应。研究人员由此推测，这可能就是导致“情绪感染”的真实原因。

我们在安慰别人时，往往会说：“我非常理解你的心情！”这就是情绪的传染性。也就是说，你的潜意识中其实一直藏着这样的情绪，所以看到别人的情绪爆发时，你压抑在意识深处的情绪就会被激发出来。

但很显然，沟通双方如果都带着糟糕的情绪去沟通，是无法保证沟通效果的。所以，如果你不想让对方的坏情绪影响到自己，首先要管理好自己的情绪，其次要学会慢慢疏导对方的情绪。当对方感受到你的信任和支持，情绪就会有所缓解，继而才能听进你说的内容，沟通才可能往下顺利进行。

要达到这个目的，我们可以运用下面这两种方法：

重复对方所说的话

这个方法非常简单，但很有效。曾有个特别有趣的统计，在国外的一些餐厅中，餐厅中的侍者都是靠拿小费。那么侍者怎样才能拿到更多的小费呢？除了必要的服务外，就是靠不断重复客人所说的话。

客人："我要点一份牛排。"

侍者："好的，一份牛排。"（记录下来，没有更多的话。）

客人："再给我来一瓶 ×× 红酒。"

侍者："好的，一瓶 ×× 红酒。"

侍者："请问您需要纸巾吗？"

客人："不需要，谢谢。"

侍者："好的，不需要纸巾。"

就是这样简单地重复客人的话，最后统计发现，这样的侍者要比其他只会默默服务的侍者多拿 70% 的小费，是不是很神奇？

那么，为什么只是简单地重复对方所说的话，就能多拿小费呢？原因就在于，这样做会让客人觉得这是一个善于倾听的服务人员，这让他们感到很舒服、很享受，对侍者的好感自然也会倍增。

另外，在一些谈判性的沟通当中，由于双方的大脑都处于兴奋状态，所以情绪也特别容易激动。一旦其中的一方出现了激动情绪，另一方为了不处于下风，情绪也会被激发。这种情绪之间的相互感染，就会令谈判陷入激烈的争论之中，从而对谈判产生不利的影响。

如果你不想出现这种情况，就要在对方出现激烈情绪时，想办法平缓对方的情绪，此时最有效的方法就是重复对方所说的话。在我跟大家分享的《掌控谈话》一书中，就有一个这样的案例，是作者的亲身经历。

1993 年，美国的一家银行发生劫案，两个歹徒劫持了银行工作人员。其中一名银行职员找机会报了警，警察很快赶到了现场。但由于当时场面十分混乱，警察也搞不清里面到底有多少劫匪，只是发现外面有一辆车，里面没人。警察怀疑这辆车就是嫌疑车辆，于是派该书作者与劫匪谈判。

当时，他的办法就是不断地重复里面歹徒所说的话，比如他对歹徒说："我们发现外面有一辆车，我们不知道是谁的。"歹徒说："我的司机已经被你们吓跑了。"他就重复一下："哦，我们吓跑了你的司机。"然后，他停留 40 秒，这个时间叫作等待神奇发生的时间，因为人的大脑会有个特别的功能，就是当听到别人重复自己的话时，就会忍不住想要给对方解释一下。过了一会儿，里面的歹徒果然开始不断地传递出信息，甚至自己跑了出来。这正是因为他感受到了谈判者对他的理解和想要帮助他的心理，考虑到自己的境况，他也知道跟警察硬碰硬是没用的，所以自己出来投降，并告知警察，里面还有一个同伙。

由此可见，有时候无须我们问对方太多的话，因为这样反而会让对方产生防备心理。我们只需要重复他的话，哪怕他说的是气话、浑话，都可以重复，然后再留一点空白时间给对方，对方自然会收敛情绪，与我们重新恢复和谐的关系，从而让沟通顺利进行。

告诉对方“你说得对”

在谈判过程中，当对方说出一句“你说得对”时，表示你已经获得了对方的认同，你们的谈判也向前迈出了一大步。

同样是《掌控谈话》的作者，他在菲律宾时还遇到这样一件事。菲律宾的武装组织绑架了一名美国人，他作为美方代表去与对方谈判。对方的态度非常强硬，每天都给美方发视频，展示他们是怎样折磨受害人的。当美方看到这些视频后非常愤怒，但因为人质在对方手里，一时之间又无可奈何。

经过一番调查，美方掌握了这个武装组织的背景以及他们曾经的一些遭遇，于是，这位作者就代表美方开始与对方谈判。在谈判过程中，他将美方调查的内容以及对方反叛的心路历程等都讲了一遍，结果对方沉默了一会儿，说：“你说得对。”随后，对方放弃了一些谈判条件，最后人质被成功解救。

这种沟通方法其实就是要让自己和对方产生一种情绪联结，你在复述对方的经历、标注对方的情感后，对方就会从你这里获得一份认同感。当与一个能理解自己、认同自己的人谈话时，我们的情绪自然也会平缓下来。

如果我们将以上两种方法结合起来使用的话，效果会更明显。首先是倾听对方，重复对方的话，接着对对方进行一番心理告白，用你对对方的理解来标注对方此刻的情绪，将自己平缓的情绪传递给对方，这样就能很容易地获得对方的认同，沟通也会渐渐向更有利的方向发展。

第四章

沟通要从了解需求开始

需求是沟通当中的重要因子，凡是沟通中出现的问题，多数是由需求不清晰或需求未能获得满足所致。这里的需求，既包括他人的需求，也包括自我需求。

洞悉对方真正需求，避免情绪积累

每个人生活在世，都会有需求：生存的需求、情感的需求、自我价值的需求……需求一旦出现，我们就会寻求满足。当需求得不到满足时，情绪就会产生。换句话说，情绪是需求没能获得满足的一种外在表达。

比如，有的孩子总想玩手机，不愿意写作业，家长很生气，原因就在于他们期望孩子听话、认真学习的需求没得到满足；丈夫半夜回家，妻子很愤怒，是因为她渴望陪伴的需求没得到满足；等等。

长此以往，结果会怎样？情绪会慢慢发酵。一段时间后，情绪很可能就会借由一些小事发生激烈的化学反应，或是火山爆发，或是冷如冰霜。这时再想办法去修复关系，沟通起来应该不会太顺畅。所以，关注对方需求，是沟通中的一个重要话题。别人在跟我们交往的过程中，只要表达出了一些想法，或者做了一些事，背后一定潜藏着某个需求，我们要能够看到这些行为背后的需求。

如果我们发现不了对方的真正需求，对方的情绪就会慢慢累积，变得易怒和暴躁，在与我们沟通的时候就会失去理性。如果这种情况发生在夫妻之间，那么结果很可能会变成吵架、冷战，甚至离婚。

如今，我国的离婚率不断增高，在这背后一个核心的原因就是夫妻间的沟通出现了问题，而沟通不畅的一个关键原因就在于：我们忽视了对方的感受和需求。如果我们能够洞察和关照对方的需求，就能在很大程度上避免对方出现负面情绪，这样沟通自然可以更顺畅地进行下去。沟通顺畅了，一切问题就迎刃而解了。

那么是不是说，想与他人实现有效沟通，就一定要满足对方的需求？比如有的妈妈说，孩子想玩手机、玩游戏，如果从尊重和满足孩子需求的角度出发，是不是就要让孩子随便玩？如果这样的话，我们不就变成了一个毫无原则的人，孩子无论要求什么，我们都要给他吗？

并非如此。不论是大人还是孩子，在一些外在表现的背后其实都隐藏着更深层次的需求。只有透过表象去洞悉对方真正的需求，才能实现真正的沟通。比如对于孩子来说，他的需求或许是想要得到家长的关注和陪伴。有些家长可能会问：孩子想玩手机、玩游戏，难道都是因为希望获得关注和陪伴吗？我们又该怎样区分他们是真的只想放松一下，还是想要寻求关注和陪伴呢？

世界上本来就没有无缘无故的爱，也没有无缘无故的恨，如果你只限于满足他人的一些表面需求，就很难与对方形成良性沟通。其实所谓真正的需求，一定是全人类都需要的东西。而手机也好、游戏也罢，绝对不是一个全人类都需要的东西。古代人没有手机，一样活得很愉快，时代也一样在发展和进步；现代人有很多也不玩游戏，但并不影响他们的人际沟通。所以手机、游戏只是达成内心需求的一种策略，而策略与需求完全不是一回事。

但是，很多人在与人沟通时，无论面对的是朋友、同事，还是家人、孩子，往往都会把注意力集中在策略上。比如，你想要玩手机，作为妈妈我不能给你；你想要升职加薪，作为老板我不能答应你。这是因为家长和老板都只看到了孩子和员工的策略，却没发现他们背后的真正需求，而这才是我们真正要探寻和关注的。这些需求可能是尊重，是关心，是陪伴，是鼓励。只有了解到对方内心深层次的需求，我们才能更好地了解对方，与对方形成情感上的共鸣。在这里讲一个金惟纯先生的小案例。

金先生有两个女儿，大女儿青春期时，小女儿才3岁。有一段时间，两个女儿经常打架，姐姐从来不让着妹妹，经常把妹妹欺负哭。金先生的太太看到这种情况，很少出面制止，只是会在他面前不停抱怨："你看看老大，现在都成什么样子了！你也不管管！"金先生便去找大女儿谈话，希望大女儿能懂事些，不要再欺负妹妹。可是，或许是因为正值叛逆期，大女儿根本听不进他的话，而且每次谈完话，大女儿欺负妹妹反而更厉害了，结果弄得全家不得安宁。

有一天，金先生下班回到家，一开门，小女儿像往常一样跑过来扑到他怀里，甜甜地叫着“爸爸”。对于金先生来说，这个情景是他每天回家最开心的事儿，于是他也像往常一样抱起小女儿坐到沙发上陪她玩。每天在这段时间里，大女儿都会一个人躲在书房里不出来，太太则是在厨房边做饭边抱怨，这一天也不例外。以前他并没有发现这有什么不妥，但是在这一天，他却突然意识到一个问题：原来，家里之所以经常争吵、抱怨不断，并不是因为太太和大女儿关系不好，也不是因为大女儿和小女儿关系不好，而是因为太太和大女儿跟自己的关系不好，而她们之所以对他存有不满，是因为她们的需求没有得到满足。每天回家，自己只陪小女儿，却忽略了太太和大女儿也有感受和需求。太太经常抱怨，就是因为自己陪她的时间太少；大女儿不断欺负小女儿，是因为觉得爸爸只关心妹妹，自己获得的关爱却越来越少。

在没发现事情的本质之前，要维护一家子的和谐似乎很难，但深层原因被发现之后，问题解决起来就很容易了。从那天之后，金先生下班回到家，当小女儿扑过来求抱抱时，他就会说：“宝贝，我们先一起去抱抱妈妈吧！”然后他就会拉着小女儿到厨房跟太太打招呼，嘘寒问暖一番。接下来，他会对小女儿说：“我们再去看看姐姐在干吗吧！”然后他会带着小女儿一起来到大女儿的房间，跟姐姐聊一会儿。

就这样，一段时间之后，金先生家之前那种鸡飞狗跳的日子一去不复返了，因为大家的需求都得到了满足。

所以说，了解到每一个行为背后的需求，我们也就找到了与对方沟通的窗口。

樊登读书有许多分销商和授权点，有些分销商和授权点经常会给我提很多意见，当然有些意见是很好的，但也有些意见需要甄别。比如，有些分销商认为我们的线上内容不够全面，引入会员的方式过于单一，活动不够丰富，等等。对于这些意见，我会耐心听取，但这些都是他们的真实想法吗？不见得。这时我就要通过观察去弄清不同分销商心中的需要，然后再有针对性地与他们沟通。

如果他们需要的是一点安全感，怎么办？

这时我就会告诉他，我会永远支持他做下去，他马上就不闹了。其实，我的回答与他提出的意见可能毫不相关，但为什么会起作用？就是因为我洞悉到了他的需求，在安全感这个点上给予了他极大的保障，他心里自然就会坦然很多。

如果他们需要的是尊重，怎么办？

有时候，有的人会用各种问题、各种状况来抵抗你。这时，你只要表扬他一句，或者向他表达一下感谢，问题很可能就解决了。因为他焦虑的情绪背后隐藏的是：我觉得我没有被尊重，我觉得没有人关心我，为什么从来没有人对我表示感谢……而一句表扬、一句感谢，恰恰医好了他的“心病”。

可见，沟通并不像我们想象得那么难，只要你能洞察到别人真正的需求，并有针对性地去满足这个需求，沟通就会变成一件非常容易的事。

人类共通的需求名单

人类有着各式各样复杂的需求，而且这些需求在标准、形式、内容上都是在不断发展变化的。从种类上来说，人类的需求是无穷无尽的；但从重要程度来说，它又有着一定的顺序，或者说有着一定的层次。

美国心理学家马斯洛在20世纪50年代时就提出了“人类需求层次”理论，这一理论的基本点是：人都是有需求和欲望的，它们随时有待于满足；人的需求是什么，要看已获得的满足是什么；已满足的需求不再是行为活动的动力，只有未满足和新产生的需求，才会形成沟通的基础和动力。而且，人的需求是从低级到高级分为不同层次的，只有低一级的需求获得相对满足后，高一级的需求才会上升为支配人的行为的动力。

马斯洛将人的各种需求划分为五个层次，从低到高分别为生理需求、安全需求、归属与爱的需求、尊重需求和自我实现需求。另外还有求知需求和审美需求，这两种需求没被列入他的“需求层次”理论中，他认为这两种需求应居于尊重需求与自我需求之间。

马斯洛的这个“人类需求层次”理论，基本上包含了人类所共通的需求，除此之外，落实到我们每个人身上后，我相信大家还可以列出许多需求。我在这里也列了一个需求清单，我相信这些需求也是绝大多数人的共同需求。

朋友、集体、归属感

就行为来说，人是一种社会性物种；就天性来说，很少有人不喜欢交流和朋友。群体为我们提供了身份上和感情上的支持，也给了我们归属感。归属的欲望又驱使我们依恋两种群体，一个是身边的小圈子，一个是集体。身边的小圈子可以是三五个人，也可以是一二十个人，它通过友谊、共同的兴趣爱好或目的相联结，为我们提供了有具体范围的、更加公共的身份感和归属感；集体通常指我们所在的学校或工作单位等组织，是我们体现身份感、价值感和社会感的地方。

放松、休息、快乐

人的精力是有限的，大脑神经一直处于紧绷状态，神仙也受不了！所以，每个人都需要一定程度的放松，从而让身心获得适当的休息。

我一般在讲完一天课后，就会对此深有感触。在讲课时，我感觉自己从头到脚都像打了鸡血一样，好像有用不完的精力。但下课之后，我就会感觉很疲惫，这时候我就特别不愿意再去跟别人吃饭聊天，只想回到家躺在沙发上，打开电视，随便看个节目。哪怕节目很无聊也无所谓，因为此刻我不需要再去思考这个电视节目好还是不好，我只是在以这种方式让自己放松、休息。只有等到精力恢复，我们才能再次奔赴“战场”，去完成那些未竟的梦想。

对于快乐的追求就更无须多说了，没人会拒绝快乐。可以说，快乐是人类永恒的追求，自然也是共通的需求。

关注、理解、倾听

渴望得到关注、理解和倾听是人类普遍存在的心理，也是一个让沟通双方彼此受益的过程。

比如，有一些做慈善的人，他们内心会对那些受益的人充满了感激，因为那些受益者满足了他们的内心所需，让他们体会到了帮助别人、给予别人爱的那种神圣感。所以，我们不能抱着施舍他人的心态去做慈善，这会让双方都不舒服；相反，只有抱着相互帮助、彼此满足的心理去做这件事，才是真正做慈善。

学习、探索、发现

学习、探索、发现都可以被称为一种实现自我价值的心理需求，它会促使我们努力提升自己的能力，获得更多的机会，做一个对社会、对他人有用的人。同时，这些需求的实现也能让我们获得更多的尊重和自我实现，从而满足我们期望获得尊重和价值的需求。

选择、自由、自我

自由、自我对很多人来说都是一件非常重要的事情，而且每个人都需要拥有自己的选择权。虽然现代社会压力大，很多人为了能拥有更好的生活不得不放弃自己的一部分自由，选择做一些自己不喜欢的事，或者从事自己不那么喜欢的工作，但是，这并不表示他们放弃了对自由、自我的追求，因为他们至少在心灵上还是会努力去追求自由、自我的。

被认可、信任感、安全感

每个人的内心都希望得到别人的认可和信任，希望自己能受到他人的重视。当获得这些后，我们的存在感、价值感、安全感等都会随之增加，同时认为自己所做的一切都是值得的、有价值的。

相反，不被认可、信任，缺乏安全感的人，会生活在痛苦之中，身心饱受折磨。他们常常想要掩饰这种感觉，甚至会自欺欺人，可是又会不自觉地流露出内心的自卑、不安——至少他们的目光、肢体语言会暴露这一点。

支持、尊重、爱

我们每个人都难免会在生活中经历大大小小的失败，但大多数人都能朝着积极的方面继续努力。在这个过程中，如果能有人给予我们一定的支持和尊重，无异于“雪中送炭”，不仅能安抚我们受挫的心，还能维护我们的自尊。虽然我们暂时失败了，但自尊心会因此重新建立起来，这种自尊也会让我们再次拥有自信。

而对爱的需求，是人的一种本能需求，更是人类所有需求当中最为深刻的一种。爱是人类获得情感安全、个人力量和信心的最为重要的来源。

除了以上这些共通需求之外，在这张需求清单里还可以添加很多东西，比如自我表达、创造性、影响力、对新事物的体验等等。

我们为什么要列这样一个清单呢？目的很明确，就是要求我们要训练自己的观察和思考能力，这样才能在人际沟通中，通过对方的一句话、一个表情、一个动作，来探寻到对方的真实需求，从而为建立良好的沟通奠定基础。

那么，我们怎么去用这个清单？

下面有一个母子对话的情景展示，叫作关注需求的魔力。

第一个对话：母子话语权的争夺

孩子：我现在不想睡觉。

家长：但你现在必须睡觉了，已经到睡觉的时间了。

孩子：可我还不困呢。

家长：如果你现在不睡觉的话，明天早上你就会很困的。

孩子：不，我不会的。

家长：你会的。

孩子：不，我不会。

第二个对话：关注行为背后的需求

孩子：我现在不想睡觉。

家长：（揣摩孩子的感受与需求）你是不是玩得正开心，还想继续玩一会儿？

孩子：是啊，我不累。

家长：所以你想等玩累了再上床？

孩子：是的。

家长：还有别的原因吗？

孩子：没有了。

家长：我能和你说说为什么我想让你现在去睡觉吗？

孩子：好吧。

家长：我想让你好好休息，这样明天早上就可以按时起床去上学。我发现，如果你平日晚上超过9点还不休息，第二天早上就会很疲惫。你明白我想要什么了吗？

孩子：你想让我休息好，早上按时起床。

家长：是的。谢谢你听进去了。

你看出这两段对话的区别了吗？在第一段对话中，家长只看到孩子不肯睡觉这个表象，然后站在自己的角度要求孩子，结果孩子并没有按时睡觉，接下来还很可能引发一场“战争”。而在第二段对话中，家长始终在通过孩子的外在表现探寻孩子的内心需求，然后站在孩子的角度与他沟通，最终孩子获得了理解和尊重，双方实现了共赢。

我在看到这个案例时很有感触，因为我在家里就经常跟我儿子这样对话。比如当他想玩手机时，我没有直接拒绝，而是先跟他进行沟通：

我：你想不想知道爸爸为什么不让你看手机？

儿子：为什么？

我：因为看手机会对眼睛不好，你希望戴眼镜吗？

儿子：我不希望戴眼镜。

我：如果你看手机时间太长，眼睛就会很难受，这对眼睛是非常有害的。

他：嗯，但有时候我也很想看。要不我每天最多看15分钟？

我：可以。

就这样，看手机的事就搞定了。这就是关注彼此需求的对话，当家长与孩子能够做到互相尊重彼此的需求时，相处起来就会减少很多矛盾，亲子关系也会更和谐。

所以我希望家长们能理解一件事：如果你不能在孩子面前展现出弹性，孩子就没法学会弹性；如果你在孩子面前表现出来的是没得选择，要求孩子必须这样或那样，那么孩子也学不会做选择，只会变得懦弱、依赖。

其实，在与孩子的沟通中，家长不见得每次都要赢，核心是要学会尊重对方的感受，甚至最后可能彼此都要妥协一下。比如，孩子不肯上床睡觉，我们可以跟他沟通："玩 15 分钟后上床睡觉可以吗？"如果你的弹性表现在只有你是刚性的，却要求对方必须学会弹性，那是不现实的。只有家长率先展示出弹性，并在真正尊重孩子需求的基础上，愿意为孩子做出一定的妥协，愿意商量、讨论一个更好的方法，才能与孩子建立良好的沟通关系，并最终实现共赢。

同理，这种关注需求的沟通方式适合各种场景、各种人群。那么这些需求从哪里去寻找呢？只要到人类共通的需求清单里去找，总能找到我们想要的答案。

发掘和关注自我需求

我们一直在强调，沟通时应积极关注他人的需求，那么是不是说，我们要完全以他人为核心，完全忽略自己的需求呢？

并非如此。实际上，良好沟通的第一定律是从自己开始的，倘若你还没有调整好自己，自己的内心需求没能获得满足，就很难与他人形成良好的沟通。当沟通进入关键阶段时，你也会不由自主地去寻求你所习惯的模式，比如争吵、冷战、控制等。下面这个案例表现的就是在沟通中，我们看起来是在努力满足自己的需求，但实际上恰恰忽略了自己的需求，只顾发泄情绪了。

一位丈夫回家很晚，妻子在家一直等到11点多，丈夫还没回来。其实这不是第一天妻子这样等待了，丈夫已经连续很多天在外面应酬到很晚才回家，妻子很不满。她希望丈夫下班后能早点回来陪伴自己，这是妻子的自我需求。

但是，当丈夫回到家后，妻子说的第一句话并不是告诉丈夫自己的真正需求，而是非常生气地说："你还知道回来？你怎么不死在外面？你是把家当旅馆吗，想什么时候回来就什么时候回来？"

你看，这些话中哪一句与她自己真正的需求有关？完全没有，有的只是情绪，表现出来的也只有对对方的伤害。但这些话说出来后，导致的结果是什么呢？就是丈夫的怒火也被点燃，继而还击妻子："那好啊！那我干吗回来呢？我死在外面很好啊！"然后就再也不回来了。

这也是现在离婚率不断升高的主要原因之一，夫妻双方都不能恰当地关注和表达自我需求，也不愿意耐心地去关注对方的需求，一旦沟通不畅，直接发飙："凭什么让我让步啊？""凭什么让我关心他啊，他怎么不关心我呢？"多牢固的婚姻能经得起这样破坏？

相反，如果我们能首先关注自己的需求，在自己的需求获得满足后，再以平和的心态、以同理心去关注别人的需求，这样在出现矛盾时就不会那么容易发飙，而是想着如何更好地表达自己的需求，并照顾到对方的需求，更好地维系彼此的关系。所以，这也是我们一直在强调关注需求的原因。需求是所有行动的根源，不论是发脾气、摔东西，都是因为我们内在的需求没有获得满足。

当然，要让自我需求真正获得满足也是个艰难的过程，在这种情况下，我们自然也很难愿意主动去关注对方的真正需求。比如我爸爸就是这样。

我爸爸到现在还总是担心我，经常跟我说：“你看看你姐姐现在多好，多稳定，再看看你，总是这么没着没落的。”我姐姐45岁就内退了，现在每个月领着几千块钱的工资，在家里过得很舒服。

在我爸爸眼里，这样的安稳日子才是最好的。而我虽然每天到处奔波，但是在他看来却是一个没有工作的人。

我也试图跟我爸沟通：“我一个月光给别人发工资就要发好几百万。”

我爸：“但是你现在没有工作啊！”

我：“我这怎么能叫没工作？我给别人创造了那么多工作！”

我爸：“但你评不了职称啊！”

一句话，我无言以对。

面对这种情况，我该怎么解决？再跟他讲道理，必然行不通；不解释，他就会继续担心。其实我也很理解，之所以出现这种状况，或许就是因为他自己的某些需求没能获得满足，所以也无法体会我内心的需求。那么他的需求是什么呢？

第一，可能是对安全感的需求。

他觉得我的工作性质不稳定，没保障，如果哪天经营不善失业了，我的生存可能都会成问题。

第二，可能是对表达关怀的需求。

他没有其他途径来表达对我的关怀，因为其他事我都让他很满意，只有工作这件事，我没有达到他的期望，所以他想用这个方式来表达对我的关怀。

第三，可能是不想就此退出历史舞台的需求。

对于一位曾经活跃在工作岗位上的老领导来说，他觉得自己是很有经验和成就的，而现在我的工作显然不是他期望中的样子，所以他会觉得“我有这么多经验，我的想法你应该听，我不会害你！”

因为他自己的需求没有获得满足，所以他就不会考虑我的想法和我做一些事的理由。在这种情况下，如果我用“你不懂”“你不要管”来回复他，那我们之间的沟通显然是无法进行的。

用给予礼物的心态去沟通

很多人喜欢跟我学习演讲，在跟他们沟通时，他们总觉得演讲是件非常令人紧张的事。我就问他们："你知道演讲最重要的心态是什么吗?"有人说是"重视"，有人说是"淡定"，回答五花八门，但我告诉大家，演讲最重要的心态是一种"给予礼物"的心态。就是说，我来做演讲的目的是要给大家送一份礼物，我要把自己拥有的知识、经验、技能拿出来跟大家分享。至于你要不要，那是你的事，但给予是我的责任，这么想是不是就不那么紧张了?

同样的道理，在与人沟通时，我们也可以以这种"给予礼物"的心态来进行。之所以这么说，是因为这其中存在着这样几条原理：

给予是人类的基本需求之一

我们经常在一些书上看到这样的话：生命的意义不在于你得到了

什么，而在于你给予了什么。尽管这些话听起来有些老生常谈，却不无道理。试想一下，如果我们在生活中不关心任何人，也从来不肯吃亏，只会不断索取，那我们的内心会快乐吗？我想这样的人不可能快乐，相反，他的内心会变得非常空虚。

> 大家应该听说过发生在上海的一件事，有一名妇女，以暴力手段强迫他人卖淫，不少女孩被骗进去后都出不来，每天遭受非人的虐待和摧残。后来这名妇女被抓了，警察调查后发现，她竟然捐助了许多所希望小学，还资助好几个贫困地区的孩子上学。这是不是很矛盾？她自己做着这么糟糕的事，却为孩子们捐了那么多钱，为什么？

其实这种行为在心理学上很容易理解，原因就是：代偿。她知道自己做了很多坏事，就需要用这种给予他人的方式来获得内心的安宁。所以说，给予是人类的基本需求，如果不能给予他人，我们的内心就会空虚、匮乏，就会想通过各种途径给予。从表面上看，这是在做利于他人的事，实际上却是在疗愈自己，让自己获得人类最基本的需求。

你与他人有许多“礼物”可以互相给予

我这里所说的“礼物”并不是那些用金钱买来的礼物，而是免费的礼物。有哪些免费的礼物可以给予他人呢？微笑、鼓励、认可、赞赏、尊重、拥抱、爱，以及一些实用的方法、经验、知识、技术等等，这些都是我们可以给予他人的礼物，同时也是他人可能会给予我们的礼物。通过互相给予，不仅我们自己能从中获得归属感、成就感、价值感，还能与他人形成一种共情关系，即彼此感觉是一伙儿的，由此也可以让沟通更加顺畅。

学会辨识“礼物”

这一点很重要，因为很多人不会分辨这份礼物的“好坏”。

我们的一个分销商，也是我的一个朋友，跟我抱怨说，他奶奶天天唠叨他，说他“不能老这样没工作”，还是“赶紧找个工作干吧”。他跟奶奶解释说：“我跟着樊老师创业，可以挣很多钱。”奶奶就说：“那不行，那都是骗人的，不是什么正经工作。”于是他把我讲课的视频发给奶奶看，奶奶仍然不信：“少发这些没用的东西给我，都是骗人的！你肯定被人骗到传销里边去了！”任他怎么解释，老奶奶就是不相信他做的是正经事儿。

但是，如果我们理解这位老奶奶不断唠叨孙子背后的需求后就会发现，这其实正是奶奶给予孙子的“礼物”，这份礼物就是深切的关心、关爱，并且希望孙子能接受她的“礼物”。要是我们不能理解或者感受不到，就会把这份唠叨当成负担，而不是“礼物”。

因此，在沟通过程中，我们要学会换个角度思考，这样才有辨识和接受“礼物”的能力。否则你就会发现，生活中充满了负担，充满了各种各样难以解决的问题。

慷慨地将“礼物”给予他人

要打造顺畅、良好的沟通，就要求我们在恰当的时候果断、慷慨地把自己的“礼物”给予他人。这份礼物可能是一句关爱的话，也可能是一个微笑、一个肯定、一句赞赏。千万别小看了这些“礼物”，有时它们的力量会超乎我们的想象，比如经常有学员跟我讲：“樊老师，我因为听了你讲书而变得怎样怎样好了。”我就特别感动和自豪，内心也充满了力量。

有一段时间，因为工作比较累，我就想通过跑步的方式来减减压。可刚开始我最多只能跑500米，超过500米我就上不来气了，这令我很沮丧。但坚持了一个半月后，我已经能轻松地跑上6公里了，并且速度越来越快，身体也感觉越来越好。是什么力量促使我坚持下来，并收获这么大改变呢？

就是爱。我记得第一次决定跑步时是在威海，当我跟大家说我要去跑步时，他们纷纷要求陪着我一起跑。我咨询过教练，教练给我的建议是：我在跑步时心率不能超过150，所以他给我制订的训练规则就是跑3分钟，走1分钟。大家就陪着我这样训练，甚至在走时，陪着我的几个朋友都是走一会儿就得等等我。就是通过这种方式一点一点地训练，现在我的配速已经能到7了，比我刚开始训练时快了很多。

至今我仍然认为，是大家的爱给予了我坚持的勇气，所以当有人送我礼物时，我都会说："当你帮助我时，我体内的催产素就会分泌出来。"什么是催产素？就是人体内的一种非常特殊的物质，也是一种联系情感的激素，我们称它为"爱的激素"。它可以使人心情愉快，并且能使我们与他人建立强烈的情感联结，从而让我们感受到爱和幸福。当你接受了他人给予的礼物，你体内分泌的催产素就会增加，你也会感受到来自他人的关爱，并愿意与之沟通。同样，当我们慷慨地将礼物给予他人，也会让他人感受到爱，从而更乐于与我们建立良好的关系。

这里我要特别强调一下，当你在给予别人"礼物"时，一定要是无条件的。比如在家里，不要为了达到某种目的而与孩子交换条件，这种方式可能是奖励，但不是给予。假如你对孩子说："你这次考试考得好，我就给你买一辆自行车。""你好好学习，妈妈就会更爱你。"

人是有逻辑的，当孩子听到这些话后，他的逻辑就会自行进行排列，将好的东西排在前面，不好的排在后面，这种逻辑也叫生物逻辑。所以孩子就开始想："哪个东西好呢？""当然自行车好，妈妈的爱好。""为什么？""否则你干吗用成绩、用爱来跟我交换呢？"这就是孩子的逻辑。

有个非常著名的案例，大家觉得是冰激凌好吃，还是芹菜好吃？肯定是冰激凌好吃。为什么大多数人都会觉得冰激凌好吃呢？因为很小的时候家长就跟我们说："你要先吃蔬菜，吃完蔬菜才能吃冰激凌。"于是孩子就会在大脑中进行排列：冰激凌第一，蔬菜第二，甚至认为蔬菜是个很不好的东西，是自己吃到冰激凌要付出的代价。

后来有个心理学家想挑战一下这个认识，他找来几个小孩，对这些孩子说："你们必须先吃完冰激凌，才能吃芹菜。"接连几天都这样，孩子们必须先吃完冰激凌，否则就不能吃到芹菜，结果怎么样？孩子们特别爱吃芹菜，甚至觉得吃芹菜是特权，都去抢着吃，生怕自己抢不到。

这是个非常有意思的小实验。对于一个人来说，有些东西原本都是能接受的，但由于外在的引导，我们的逻辑就会对事物进行重新排列，使事物有了好坏之分。这也是很多家长无意中把孩子引导到不爱学习、不爱探索、不能吃苦的原因所在，原本可以通过给予"礼物"

的方式轻松达到目的，最后却不得不通过威逼利诱的方式逼着孩子去完成，结果可想而知。

从他人给予的“礼物”中学习和成长

他人给予我们的“礼物”，如真心的表扬、赞赏、夸奖、鼓励等，我们很愿意接受，并能够从中获得力量，更好地成长。而一些简单粗暴的“礼物”，比如批评，可能没有我们想象的那么好、那么让人心情愉快，但我们也要好好衡量一下，这份“礼物”是不是并没有表面看到的那么坏？是不是也有一些好的东西值得我们学习，能够帮助我们成长？

这其实也在提醒我们，看人也好，看事也好，都不要光看表面，要能够看到背后更深入、更有价值的东西，这样我们才能对别人给予我们的“礼物”更加敏感，也愿意以接受礼物的感恩心态与对方沟通。

总而言之，“给予”的心态是我们在与他人沟通过程中一个非常重要的基调，由此我们才能明白，在与人沟通过程中，我们的每一句话、每一个行为，到别人那里都可能是一份“礼物”，都可能给对方带来影响。同样的道理，他人给予我们的，也可能是一份重要的“礼物”，我们要学会辨识。带着这样的心态去沟通，我们的人际关系会越来越好。

让对方看到更多的选择空间

前文我们曾提到，在沟通过程中，有一种心态匮乏的人，当他们的自我需求没有得到满足时，往往情绪就会变得很糟糕，凡事都会抱着一种很消极的态度。比如，在面对有限的资源时，心态匮乏的人会认为：这没办法，只有这么多资源，不是给他就是给我，还能怎么办？而与之相反，还有一种心态富足的人，当他们的自我需求没有得到满足时，不会因此变得消极或抱怨，因为他们心里想的是：虽然在这里我的需求得不到满足，但说不定在其他地方就可以得到。所以，他们的想法往往是：

"这次不成没关系，还有下次。"

"这次我可以吃点亏，下次我占点便宜就捞回来了。"

"没关系，我们还可以创造出更多的资源。"

"没什么大不了的，资源给你了，但我收获了感情。"

……

看到二者的区别了吗？除了以上列举的差别，在很多方面二者都有不同的选择。在沟通过程中，匮乏心态的人会一直觉得不满足，总感觉一切都很糟糕、很令人生气，因为他们觉得一切都没的选。但富足心态的人恰恰相反，他们总能找到更多的选择和更多的可能性。由此我们也可以说，富足心态的人与匮乏心态的人的本质区别，就在于他们对选择的认识。

具有富足心态的人看到的永远是自己拥有什么，自己还有哪些可选择的空间和可能性，这也是富足心态的本质。而匮乏心态的本质就是“没的选”。

说到这里，大家可以回顾一下，在与孩子相处的过程中，我们是如何引导孩子的？是将孩子引到了一条富足心态的路上，还是引到了匮乏心态的路上？或者父母在我们童年的时候是怎样引导我们的？

我特别喜欢一本名叫《佐贺的超级阿嬷》的书，它是由日本作家岛田洋七创作的一部自传体小说。故事的主人公德永昭广原本住在日本广岛，1945 年广岛被炸后，德永昭广被妈妈送到佐贺乡下，与自己的外婆一起生活。书名中的“阿嬷”就是“外婆”的意思。

外婆是个没什么文化的老太太，养活着 7 个儿女艰难度日，但她却是个特别乐观、豁达的人。外婆家的门前有一条河，每天一大早，外婆都会拿着一根又粗又长的木棍横在这条小河上面，这样一来，河上游漂下来的各种垃圾就会被拦在木棍上。到了晚上，外婆把这些垃圾统统拽下来，木棒、树叶等当作柴火，有时还能拦到一点儿值钱的东西，外婆就把这些东西洗干净拿出去卖掉换钱，为家人换点吃的。

外婆走路时，腰上总系着一根绳子，绳子下面拖着一块磁铁，目的是吸附地上的金属废品、铁钉等，回到家后拿下来去卖钱。她常跟德永昭广说的话就是："如果只呆呆地走路，不是很可惜吗？"

就是在这样艰苦的环境之下，德永昭广一天天长大。

有一天，德永昭广考试成绩不理想，回去后就跟外婆说："我这次只考了两分。"（当时日本都是五分制。）

外婆说："很了不起啦。"

德永昭广说："我只考了两分，怎么了不起？"

外婆说："人生比的是综合能力，加在一起有五分就够啦。"

外婆的心态就是一种富足的心态，虽然德永昭广的成绩不是很好，但她觉得那没什么了不起。故事中的主人公"德永昭广"其实就是岛田洋七自己，而他的性格也受到了外婆很大的影响。成年后的岛田洋七的确没好好上学，而是跑去学相声、学脱口秀，后来与日本著名演员北野武成了搭档，成为日本最有名的相声演员。晚年时，他又开始写作，其中他创作的《佐贺的超级阿嬷》系列，每本书的全球销量都超过千万。

从岛田洋七身上我们可以看到，人生比的不就是综合能力吗？一时成绩不好，并不代表一无所成，因为人生本来就有很多选择。而那些拼命削尖了脑袋，认为只有上名校才有出息，上不了就什么都完了的人，可能最后真的完了。为什么？因为他们始终认为自己是没得选的。

所以，在沟通当中，我们首先应该具备一个重要的认知，即对选择的认识。你对选择的认识，将会直接决定你的沟通方式，以及你的沟通结果。

有一次，一位很著名的教授去给别人做演讲。但到演讲现场后，他发现台下坐的那些高管个个闷闷不乐。于是，教授就对大家说：“我发现大家都不太高兴啊！”

台下的人说：“是不高兴啊，今天是周末，我们本来该休息的，但公司却逼着我们来上课，能高兴吗？”

教授想了想，就问大家说：“大家觉得，你们能不能自己决定来不来听课呢？”

台下人回答：“不能自己决定，是公司规定的。”

“好的，你们已经做出了选择。”教授说。

台下人很不解：“这是什么意思呢？”

教授说：“你们已经选择接受了公司的安排，那么现在你们选择用什么样的心情度过这一天呢？你们可以选择继续不高兴，在这里闷闷不乐地坐一天；也可以尝试听一些内容，看看能不能从中找到一些乐趣，一起度过快乐的一天。你们自己来选择。”

其实很多时候，我们都像案例中的听众一样，觉得自己是被迫的、是没办法的，只能这样。但实际上，我们应该认识到背后其实有很多可选择的空间。

在与孩子的沟通过程中，我们同样要鼓励孩子看到更多的选择，不要非此即彼。有些家长总喜欢让孩子听自己的，凡事都想替孩子做选择，比如孩子觉得在北京工作很好，可家长非要孩子回到自己身边，否则就各种威胁。但孩子回去后，并不见得比以前过得好，他们甚至会故意过得很糟糕，就为了给家长看，以此来证明家长当初替他们做的选择是错的。

这就是为什么我们说每个孩子跟父母之间都会爆发一次“战争”，在“战争”中，如果孩子赢了，那是喜剧；如果父母赢了，那很可能就是悲剧，原因就在于孩子的潜意识中想让自己过得很糟糕，以此来证明父母的错误。但如果我们把选择权交给孩子，让他们自己选择自己的人生该怎么过，结局可能就完全不同了。因为只有自己做选择的时候，才会发现自己可以有更多的选择。

所以，一个人的心态是富足还是匮乏，关键在于小时候接受的教育方式。如果父母总是威胁、吓唬孩子，用逼迫的方式与孩子沟通，孩子慢慢就会失去自我选择的能力。我们常说，孩子特别听话不见得是好事，因为这表明他正在渐渐失去自我选择的能力，内心也在逐渐变得匮乏，继而觉得除了听话之外别无选择。这样的孩子，长大后在与他人相处或沟通时，也会表现出匮乏的心态，难以看到更加广阔的空间。

第五章

营造安全的沟通氛围

当我们按照惯性思维与别人谈话时，通常会用自己最习惯的方式，但我们的惯性思维很可能让对方感觉不安全。这时候我们就需要打破惯性思维，主动营造一个安全的沟通氛围。

找到共同目的，让对方感受到理解

当我们感觉沟通的氛围不安全时，头脑里通常会出现两个念头：打或逃。这是人类的基因决定的一种“傻瓜式”选择，是杏仁核捣乱的结果。但是，无论选择打，还是选择逃，都不是明智的，都有可能让彼此的关系变得疏远。

那么，这种情况下恰当的做法是什么呢？每年南飞的雁群给了我们一个很好的启示：一支完美的团队，一定是由很多有共同目标的人组成的。这个道理其实也可以应用于沟通，也就是说，如果想要营造一个顺畅的沟通氛围，先要找到一个共同的目的。

什么是共同目的？通俗地说，就是在沟通的时候，要让对方感觉到你们是朝着同一方向努力的，让对方能感受到你对他的关注；反之亦然，对方也能让我们感受到他真的在关注我们。

成功学大师戴尔·卡内基曾说：“所谓沟通就是同步。每一个人都有他独特的地方，而与人交际则要求他与别人一致。”

回归到本质上，沟通的艺术就是寻找共同目的的艺术。共同目的包括共同的利益、共同的认知、共同的爱好以及共同的感受等等。这些共同目的可以产生安全感和亲近感，因为人是具有认同心理趋向的。

在沟通的过程中，与对方的共同目的越多，沟通的阻碍就会越少，甚至会轻易获得一些小问题上的谅解。因此在沟通时，我们一定要弄清楚对方的真实想法，同时要放弃想占上风的好胜心，还要抛掉自以为是的想法，通过寻找共同目的，来营造一个安全的沟通氛围。

共同目的是对话的启动因素。在你与对方沟通的过程中，一定要找到你们的共同目的或共同愿景，如果短期没有，就要考虑更远、更大的愿景是否存在。如果存在，就要把共同的目的和愿景找出来。找出共同目的的核心是，既要达成自己的目的，让对方知道你的意思，也要站在对方的角度，关注对方的目的。下面列举两个我们日常生活和工作中常见的情形：

夫妻之间在沟通时可以这样说：

"我们都希望这个家变得更好，不是吗？"

"我们都希望婚姻生活能够变得更加丰富多彩，互动更多，更加友爱。"

上下级之间或者创业合伙人可以这样说：

"我们都希望公司能够更加成功。"

“我们都希望这家书店能够办得越来越好，并且我们大家从中都能够得到提升。”

这些都是我们的共同目的。

当我们找到了共同目的，就能轻松解决沟通中的氛围问题，然后开始愉快的对话了。

但有时候，如果双方的目的很难达成一致，就需要我们想办法为彼此塑造出一个共同目的。

比如，你到了结婚年龄，妈妈每天都在为你的婚事发愁，整天唠叨让你快点找个男朋友。可是你现在根本没有这个想法，因为你还想再多玩几年。

如果这时候你不顾及妈妈的感受，直接把话怼回去，那么母女间的矛盾很可能会瞬间爆发。这时候应该怎么办呢？你可以在你和妈妈之间塑造出一个共同目的。比如你可以这样说：“妈，我知道您都是为了我好，其实您的愿望跟我的愿望是一样的，都是希望我将来能够生活幸福，家庭美满。”用这个共同目的作为开端，接下来的沟通就会顺畅很多。

当你能够跟对方塑造出共同目的，会很容易让对方的情绪变得平缓，因为你让对方知道了你理解他，而理解是解决一切问题的前提。

另外，当你能够去塑造共同目的的时候，也能有效地把对方唤醒，让他从原来的惯性当中跳出来。

那么，我们如何塑造共同目的、唤醒对方的认知呢？

找出对方的真实目的，塑造共同目的

当双方的真实目的存在很多相似之处时，协商出一个共同方案就可以了。

这里的关键在于，你要理解对方的真实目的是什么。因为很多时候外在的目的和心里的目的并不完全一样。

举个例子。周末，妻子想去商场买衣服，想叫丈夫陪着去，而丈夫难得休息一天，想在家看球赛。这时候两个人表面上的目的看上去不太一样，如果再继续沟通下去难免会出现矛盾。

妻子："你难得休息一天，就不能陪我出去逛逛吗？"

丈夫颇有怨气："正因为难得休息一天，我才更想好好在家放松一下。"

这时两个人心里都有些不高兴。

妻子很聪明，她知道再继续说下去，并不会有好的结果，于是她先做出让步。

妻子试着问："亲爱的，你是不是想好好放松一下啊？"

丈夫缓和了一下，说："是的，这段时间工作有些累，想好好放松一下。"

妻子说："亲爱的，我其实也不是想上街，就是想出去转转，最近照顾孩子我也很累。"

把孩子也带进来，这时丈夫就会心有所动。

妻子继续说："趁孩子不在家，咱们不如开车去郊外兜兜风，既能呼吸新鲜空气，又能放松放松。"

丈夫思考片刻："嗯，这个建议不错。"

到这里，我们已经清楚了，夫妻二人一个表面想去逛街，一个表面想在家休息，其实真正的目的都是想找个清静的地方放松放松。经过上面的沟通，双方的共同目的就达成了。

无论是逛街还是在家休息，夫妻二人的真实目的是一样的，所以很容易达成一致。我们从这个案例中可以总结出塑造共同目的的三个步骤：

第一步：先一步做出让步。

当双方沟通的观点不一致并进入关键对话时，你一定先要暂停争议话题，并且主动说出愿意和对方进一步找到彼此都满意的办法，来给对方营造一种安全感。

比如，你可以这样说："看上去我想去逛街，你想在家里休息，我们再商量一下看看有没有两全其美的办法。"

这时对方的态度就不会再强硬了。

第二步：进一步了解对方的真实目的。

气氛缓和之后，你再去了解对方真实的目的是什么。

比如，你可以问："你为什么想在家里休息呢？"

对方答："这一段时间工作累，就想好好休息一下。"

这时你就找到了对方的真实目的，就是想放松一下。

第三步：塑造共同目的。

如果两个人的真实目的有相似之处，那我们就可以塑造一个共同目的。

比如，你说："其实我去逛街，也是想放松一下。"这样两个人最后的真实目的就一致了，都是想放松。接着，两个人再协商一个具体的方案去实施就可以了。

拓宽视野，塑造长远的共同目的

如果双方的真实目的完全不一致，该怎么办？

当双方的短期目的没有办法达成统一时，就需要塑造一个共同的长期目的。这需要我们把眼光放长远，去塑造对双方意义更大的共同目的。

比如，丈夫升职了，要调到外地去工作，而且要去很长一段时间。而最近这段时间正是孩子即将考试的紧要时期，妻子得留在家里照顾孩子起居。如此一来，夫妻二人就会两地分居，这时候矛盾就来了。

从表面上看，夫妻二人的目的是不一样的。丈夫升职，事业上有提升，所以自然不想错过机会；而妻子不希望丈夫离开自己和孩子太久。这时夫妻二人就要从这个短期目的跳出来，去关注双方更长期、更高层次的目的。

对夫妻二人来说，让整个家庭变得更好，让孩子健康成长，才是最重要的。在取得这一点共识之后，两个人就塑造出了共同目的。接下来，制订出让双方都能接受的方案就可以了。

寻找联结，维护安全感，保持目的一致性

回过头来看，我们塑造共同目的的本质是什么？归根结底是为了“寻找联结”。

什么叫寻找联结？就是你要让对方觉得你重视他的个体，而不是只重视当时谈话的目标。这才是核心中的核心。

之所以很多人不会沟通，就是因为没有做到这一点。比如，有的人一开口，对方就知道他是个商人，因为他惦记的是对方的钱，在谈话中也根本不在乎对方。但是，如果你能够让对方始终感觉到，你和他是有联结的，和他是一体的，而且特别希望和他一起解决问题，特别希望通过这次谈话让你们的关系变得更好，那么事情往往就会如你所愿。这其实就是在寻找联结。

当然，寻找联结并不是一件容易的事情。因为我们在与别人沟通时，总会有沟通不畅的时候，比如在谈到某个问题的时候，思维突然中断了，这时就无法让对方找到你要与他联结的感觉，你们后面的沟通也会东一榔头西一棒槌，完全不在一个频道上。所以，这种联结的感觉是非常敏感的。也许只是你的一句话，一个眼神，或者是你的发心不纯，都有可能中断沟通。

那么，怎样才能保持这种联结的感觉呢？在我看来，沟通的发心是很重要的一点。也就是说，你这样做的目的是否纯正？你是真的在为对方着想吗？你是真的为这件事情能够达成共赢着想吗？还是你心中早想把对方摆脱掉？当你的发心是纯正的，就能很快建立这种联结；但是一旦你的发心不纯正，这种感觉的丢失往往只是一瞬间的事。

所以，我们自始至终要以一颗纯正的发心去寻找这个联结，去维护对方的安全感，让对方感受到你与他的目的是一致的。如此才能唤醒对方的认知，从而使沟通顺利地进行下去。

利用对比说明，防止冒犯和伤害

在生活中，我们经常会在不同的场合遇到一些关键对话，如果处理不当，就会产生负面的结果。

比如，当你向老板要求加薪时，他直接给你下了辞退令；当你要求孩子不要再玩手机时，他却用沉默来表达自己的愤怒；当你因为孩子的教育问题与另一半沟通时，两人因意见不一致而发生争吵。这些负面结果，都会导致对话向非理性方向发展。

这些其实还是杏仁核在起作用，还是打或逃的“傻瓜式”选择的问题。

那么，一个对话高手应该是什么样的？对话高手在拒绝“傻瓜式”选择时会提出新的选择。他们会面对更为棘手的问题，排除非此即彼的选择，转而寻找具有重要意义的对比说明。

由此可见，对比说明，是进入关键对话的引导思维。

在谈话刚开始的阶段，对比说明通过对比来消除对方心理上的不安，缓和紧张的气氛，安抚不好的情绪，并积极寻找第三种选择。这样既可以解决问题，又不会伤害或冒犯对方。

那么我们应该如何利用对比说明来解决现实问题呢？

> 儿子最近有些沉迷于网络游戏，妈妈觉得这样下去会影响学习，想要劝阻。但是，由于爸爸经常跟儿子一起打游戏，所以他觉得孩子玩游戏是可以理解的，不用过于担心。妈妈对爸爸的这种想法十分不认同，不过她也不希望因此而伤害家庭成员之间的关系。

这时孩子的妈妈可以用对比说明法来解决问题。具体怎么做呢？

阐明自己的真实目的

妈妈可以先找出自己真实的目的，这样就能成功避开“打或逃”的问题。

> 妈妈先要问自己：“我希望实现的目的是什么？”真实的答案是：“我希望孩子爸爸以身作则，多给予配合，让儿子少看一会儿手机、少玩一会儿游戏。”

说明你不想看到的结果

同时妈妈要分析，如果管这件事会有哪些不好的结果；如果不管这件事，又会有哪些不好的结果。如果不管，听之任之，孩子可能会沉迷游戏，进而影响视力；如果直接管，可能会引起爸爸的误会，进而出现不满情绪。比如，如果妈妈直接上来就是一句斥责："你能不能不要整天带孩子玩游戏啊！"那爸爸肯定会火了："那行，那我不管了，以后你管吧。"这时候，爸爸大脑中的杏仁核发挥了"逃"的作用，直接让他逃了。所以妈妈一定要控制好情绪，选择对比说明。

对比说明的结构通常包括两部分：

否定部分：陈述自己不是想表达让对方觉得不信任的意思，打消对方的误解。

肯定部分：确认你对他的尊重，明确你想要怎么样。

在对比法的两段式陈述中，否定部分相对更为重要，因为它解决的是可危及安全感的误解问题。因此，你必须首先说明不希望出现的情形以便消除误解，让对话的安全感恢复到正常水平，然后再说明你的真正目的。

妈妈可以这样说："我并不反对你和孩子一起玩游戏，我也不是因为这件事而抱怨你。可是孩子玩太多游戏很容易影响他的学习和视力。"

把对比说明搬出来，这样沟通，爸爸自然就不会轻易动怒了。因为妈妈用否定的部分，即"我并不反对你和孩子一起玩游戏，我也不是因为这件事而抱怨你"，消除了爸爸的误会，同时也用肯定部分，即"孩子玩太多游戏很容易影响他的学习和视力"，表达了自己的真实目的。

寻找一个两全其美的方法

很多时候，即使我们运用了前面两个方法，还是很难解决沟通问题。这时候，就需要我们把这两个方法结合起来，给自己提出一个更复杂的问题，迫使自己跳出沉默或暴力的怪圈，去寻找一个两全其美的方法。

还是以上面的故事为例。面对爸爸经常带着儿子一起打游戏这件事，管与不管的结果都是妈妈不想看到的，这时候就需要她找到第三条路，即找出既能够跟爸爸坦率对话，讨论孩子玩游戏的问题，又不会破坏夫妻关系的一条路。

妈妈可以这样对爸爸说："我只是希望孩子能减少玩游戏的时间，否则会影响他的视力。不如我们共同给孩子设定一个时间范围，比如20分钟或30分钟。同时我也希望你作为爸爸能给他做个表率。"对于这个提议，相信爸爸和孩子都不会再提出异议。

还有一种情况，也许有时候你没有任何不尊重对方的举动，完全是无心之举，但对方却从你的话语中感到不受尊重，觉得你的目的是要伤害他们，或是强迫他们接受你的观点。当对方误解你的目的或意图时，你应当暂停争执，然后利用对比说明重建安全感。

比如，妈妈下班后发现儿子和爸爸正在玩游戏，于是便随口说了一句："你们不要再玩了。"然后转身去厨房做饭了。

妈妈做完饭出来之后发现，爸爸的脸色不太好。这种情况下，爸爸多半是因为妈妈的那句无心之话而感到不舒服了。

这时候妈妈可以这样来补救："亲爱的，我刚才并没有埋怨你们的意思，只是提醒你们注意游戏时间，别影响你们的视力。"这样一说，爸爸的脸色自然就缓和下来了。

无论哪种情况，聪明的妈妈都灵活运用了对比说明，进行了理智思考，巧妙地避开了"傻瓜式"选择的问题。她先是对孩子爸爸说了自己想要的目的和自己的底线，然后找到了一个三方都能接受的方法，最终帮助大家成功完成了一次关键对话。

这个案例让我感触颇深，用吵架或生闷气的方法来面对沟通时的矛盾是非常不可取的。在对话中，你一定要知道自己真正的目的是什么，你要解决的问题是什么。记住，这时候千万不要被情绪带走。

标注对方情感，赢得对方接纳

不知道大家是否发现这样一种情况，那就是在与人发生争执时，有相当一部分人都无法说服对方。这是为什么呢？有人觉得这是因为口才不好，有人觉得是因为对方不讲道理，其实这些都是表面的原因，真正的原因往往是我们在与人沟通或争执时只关心自己的目标和想法，却忽略了对方的目标和想法，在这种情况下，沟通自然很难进行下去。

前面我们提到，尊重就是从他人的视角去看他们经历的一切。尊重就是了解到他人的“存在”，知道对方此刻的状态。当你不能关注对方的目标和想法时，对方就感受不到尊重。

想要沟通继续进行下去，我们可以用标注情感的方法。

什么是标注？举个例子，女儿放学回到家就把自己关到房间里，妈妈便敲门问女儿发生了什么事，可是不论妈妈在外面怎么问，女儿就是不说话，也不出来。直到妈妈说：“宝贝，你看起来不太开心啊！”

女儿才从屋里走出来，委屈地说出原因，原来她的新彩笔被班里的男生给弄坏了。这里，妈妈说的“你看起来不太开心”，就是“标注”。由此可见，所谓标注对方情感，就是准确地说出对方此刻的感受。

> 《掌控谈话》一书中提到一个反恐专家在对付恐怖分子时，用到了一种非常重要的沟通术，就是“标注”，这一种通过认知评估他人的情感来实现沟通目的的方法。当警察包围了绑匪，绑匪感到恐惧时，反恐专家就把他认为对方拥有的情绪用语言表达出来：“我知道你此刻可能有点生气。”“你看到了，你已经被警察包围了，你觉得很恐惧，对吗?”“我知道，你并不想进监狱。”……
>
> 当反恐专家将绑匪的这些情绪描述出来后，绑匪的状态开始软化，并慢慢接受了他的劝说，最终放下武器，向警方投降。

“标注”的第一步就是探知对方的情感状态，然后再用冷静、平淡且不带有任何偏见的语言描述出对方的情感，对方就会感受到你的尊重。因为你没有用“你应该这样做”“你最好那样做”等言语来批评或教导他，虽然对方当时的状态可能很糟糕，甚至正处于情绪失控状态，如发飙、愤怒、哭泣等，但你完全接纳了他此刻的状态，没有任何批评指责、教诲建议，对方在你面前就会渐渐放松。

讲一个我朋友的儿子牛牛小时候发生的事儿。

牛牛小时候非常淘气，有一次爸爸给他买回来一个玩具车，他非常喜欢。男孩子似乎天生就对机器类的东西很敏感，他坐上去之后，很快就知道怎么操作了。

于是，他开始驾驶着他的小车四处转，后来他发现开车往墙上撞很有攻击的快感，或许这也是男孩的天性吧！于是家里的墙壁成了他“攻击”的对象。很快墙面就变花了。

爸爸发现这种情况后有些生气，于是把他从车里拎起来，“咚”地放在沙发上。结果他“哇”的一声就哭了。

爸爸也意识到自己有点粗暴。这时奶奶想要过来安慰他，被爸爸用眼神制止了。

等牛牛哭声减弱后，爸爸走到他前面，蹲下来温和地对他说：“儿子，是不是爸爸刚才把你从车里抱出来放在沙发上，你觉得有点害怕？”牛牛红着眼，点点头说：“对。”然后又很委屈地哭了起来，但哭声比之前小多了。

这时爸爸继续做工作：“爸爸不是不让你玩，只是觉得咱家的墙刷得那么干净，你撞成那样子怪可惜的，但是爸爸刚才那样做有点粗鲁，是不对的，爸爸向你道歉。”

牛牛还是很委屈，坐在沙发上小声哭。爸爸走过去搂着他，没再说话，就让他在怀里哭。

过了大概五分钟，牛牛去跟奶奶说：“其实爸爸也挺好的。”然后很快他就恢复了正常状态，又开始玩起了玩具车，但是再也不撞墙了。

在整个沟通过程中，爸爸没有说教，只是标注了儿子的情感——“你觉得有点害怕”，就是这个方法帮助孩子改正了错误。

回过头再看，在《掌控谈话》那本书里，作者站在绑匪角度，分析了他们的作案动机和心理状况，标注的都是绑匪的心情。为什么有些人会以身试法？相当一部分人是因为之前遭受过特别多痛苦的经历，有特别大的心灵缺憾，所以才会走上这条道路。这时候如果你能够站在对方的角度，标注出他的情感，问题就好解决了。

如何标注对方的情感？这里我们可以运用两个工具：

定位情感：了解对方最关注什么

我认识一个警察，是个审案高手，年轻警察审不下来的案子，他去了都能轻松搞定。

为什么很多年轻警察审不出来问题？因为他们没有经验，不会从对方的角度看问题。

年轻警察一进去，通常会先拍桌子，然后厉声说：“老实交代，我们已经掌握了你的犯罪证据。”

“全掌握了，你还问我干什么？”嫌犯是个老油条。

“坦白从宽，抗拒从严……”

一个杀人犯，已经走到人生的绝路上了，这些话对他肯定是不起作用的。

我们再来看审案高手是怎么做的。

审案高手一进来，不急着问问题，先坐一会儿看着嫌犯，然后问："抽烟吗？"说着从兜里拿出一支烟扔过去。

等嫌犯抽上烟了，审案高手开始跟他聊，聊什么？这个很重要，他不会先聊案情，而是先聊共同的价值观，聊男人的责任，聊妻儿老小……

聊着聊着，对方多半会痛哭流涕："我说，我全说。"

为什么他是审案高手？后来我发现了他的秘诀，他其实就是一个会标注对方情感的高手，他知道对方关注的是什么，并能理解对方。

一接手，审案高手就会揣摩嫌犯此刻心里在想什么。很多嫌犯的想法是："我对不起爸妈，对不起妻子，更对不起孩子。"这时审案高手就会以情感为切入口，定位对方此刻的情感——爸妈、妻子、孩子，都是他的情感定位。

"你看上去不像个坏人""听起来你是个很顾家的人"……这些话一说出来，就会让对方觉得："这个人还不错，他一直在考虑我的感受。"

这时审案高手再加上一句："我会帮你争取减刑，因为现在判死刑也很难，说不定你在有生之年还能和家人团聚。"这就是取得信任的过程。获得了嫌犯的信任，接下来的审问就会容易很多。

标注的常用句式：“看上去”“听起来”“似乎……”

使用标注这种高级沟通术时，我们可以用陈述句，也可以用疑问句。

不论用什么样的句子，标注的开头都应该是这样的：“看上去……”“听起来……”“似乎……”。

这些句式前面最好不要加上“我”，因为当你用第一人称开头时，对方会觉得你更关注的是你自己，而不是他。如果对方不同意你的标注，可以退一步，告诉他们：“并不是说实际情况就是这样，你说的是看起来情况似乎是这样。”

最后一点也很重要，当你把对方的情感标注出来之后，接下来要做的就是倾听。

在影视剧里我们经常会看到，一旦嫌犯的心理防线被突破，就会把案情完全供述出来。这时候如果警察想要更清楚地了解一些细节，就要克制，不要轻易打断他们。也就是说，这时候你要做的是倾听，这样才能获得更多想要的信息。

我们每个人都是一个独立的个体，所处的立场、所适应的环境和所追求的利益都有所不同，因此我们总是希望能够按照自己的想法去成长、去生活、去工作，这也是人与人之间最大的区别。但如果每个人都要求他人按照自己的想法行事，显然就会破坏人与人之间的良性关系。

所以，要想拥有高效的沟通，就必须懂得尊重自己的沟通对象，从对方的视角去看待他们所经历的一切，学会标注对方的情感。只有做到这一点，我们才能获得周围人越来越多的支持和喜欢。

合理使用道歉和“拔刺”

沟通是通过语言交流，来表达自己的意愿和请求的一个过程。在这个过程中，每个人的表达方式都是不尽相同的，有的人表达得很委婉，自然很容易让对方接受，而有的人却从不顾及对方的感受，结果就会让对方很受伤。

一旦对方感觉受到了伤害，或是内心不舒服，沟通就很难再继续下去。比如亲子间的沟通，妈妈如果经常这样说：“下次语文一定要考到 90 分以上，否则你就别吃零食了。”这样的沟通很容易让孩子产生逆反心理。也就是说，当整个沟通氛围变得不安全时，亲子间的矛盾自然就会暴露出来。

那么，怎样应对这个问题呢？除了上面提到的一些方法，我们还应该合理使用道歉和“拔刺”。当然，什么时候使用道歉，什么时候使用“拔刺”，是有一定之规的。

道歉：当对方被激怒的时候

当你发现对方被激怒了，这时候如果你也大喊大叫，那无异于火上浇油，不仅无法继续沟通，很可能还会造成更大的负面影响。

高情商的人遇到这种情况会怎么做呢？他会马上道歉。道歉不是丢面子，更不是软弱的表现，而是一门艺术，是一种智慧。正如塞涅卡所说："道歉既不伤害道歉者，也不伤害接受道歉的人。"

> 当年，华盛顿和政治家佩恩两个人因为意见不合打了起来。在别人看来，大名鼎鼎的华盛顿居然被打了，肯定会报复的。但出人意料的是，华盛顿不仅没有这样做，反而向佩恩真诚道歉，请求佩恩的原谅。佩恩感慨于华盛顿的宽广胸怀，两个人和好如初，后来还成了非常要好的政治伙伴。

本该是一场"决斗"，却因为华盛顿的道歉，化干戈为玉帛。这就是道歉的强大魅力和力量所在。一个真诚的道歉会让对方更愿意接近你、喜欢你，因为对方会从你的角度来理解你、原谅你。要知道，一句"真的很抱歉，我不是故意这样做"，远比"你自己愿意生气，我有什么办法"更让人舒服。

有的人可能会觉得，跟别人道歉没问题啊，我可以去道歉，但为什么每次都是我主动道歉呢？经常有人问我："樊老师，你为什么总让我做好人？为什么不让他们做好人？凭什么都是我做好人？"

《论语·述而》里说："求仁而得仁，又何怨。"意思是说，如果你的人生目标就是做个好人，那你为什么还要抱怨呢？我相信，绝大多数人内心真实的声音都是想要成为一个好人，这是所有人努力的方向。而且，世界上的暴力、危机、恐惧，都是一点一点累积起来的，如果我们在生活中都能做到少一些争吵，多一些道歉，那么就等于为和谐社会做了贡献。当你明白了这个道理，自然就不会经常抱怨了。

所以在沟通时遇到状况，对方的怒火已经被点燃的时候，最好的补救措施就是道歉。

举一个我自己的例子。有一次我妻子送儿子上学，结果因为堵车，上学迟到了。晚上放学回来后，儿子跟我说他因为迟到被老师罚站了。他很委屈，说着说着眼泪就下来了。

这时我妻子过来了，想要安抚儿子。

我随口便说了一句："你为什么不早点送孩子去上学？"

"我们出门挺早的，可今天堵车堵得厉害……"妻子显然有些委屈。

"你明知道北京堵车严重，就应该提前出门……"我说话的声调明显高了一些。

“已经很提前了，可谁想到今天堵得这么厉害。何况，我早晨还有那么多的事儿要做……”妻子把早晨做的所有事儿都列了出来，显然她的内心已经炸了。

我马上意识到再这样下去肯定会出问题，必须有一个人让步。

于是我把语气缓了下来：“对不起，我刚刚说的话有点过分，我道歉。”

看到妻子脸色缓和下来了，我马上跟进：“我刚刚说的话不是这个意思，我希望你能够原谅。”

“没关系的，我的语气也不好！”妻子马上阴转晴了。

就这样，本来要爆发的“战争”，很快就平息了。

在沟通中遇到矛盾，坦然地做出让步，不仅不会显得我们没底气，反而会显得我们很大度。更重要的是，沟通也会因此顺利地进行下去，正所谓，退一步海阔天空。

最后我强调一点，很多人习惯在道歉之后再加上一句“但是……”，这是亲子关系中很多父母最常犯的错误。比如，“儿子，爸爸为刚才的态度向你道歉……”孩子听了这句话，已经基本忘记了刚才的委屈和不开心，可这时候，你为了强调一下，接着补了一句：“但是你也不应该不讲道理……”结果，孩子的开心表情一下子就没了，刚才你的道歉也前功尽弃。

“拔刺”：当谈话还没正式开始的时候

什么是“拔刺”？所谓“刺”，是指对方对你可能不满的地方；“拔”是自己先把这些问题摆出来，拔掉对方心里的刺。

“拔刺”和道歉看上去有些相像，但是两者的用法截然不同。道歉是用在对方已经生气的时候，而“拔刺”要用在还没有开始沟通的时候，你就要先把对方对你可能不满的地方摆出来。

比如，谈话前你可以这样说：“今天我跟你谈这个事，可能会让你很不高兴。”等于先给对方打了“预防针”，这样他就会对要谈的事情有一个心理预期，做好心理准备。如果事先你没有这样说，直接把让对方不高兴的事情说了出来，那么很可能会让对方产生防御心理，这样沟通就很难进行下去了。

再比如，你请朋友到家里吃饭，你的目的是想展示一下自己的厨艺。但是这时候，切忌不能在下厨之前就开始吹牛：“我做菜特别好吃，尤其做川菜更是一绝，道道都是拿手菜。”退一步来说，即使你的厨艺真的非常厉害，做的菜真的非常好吃，但是因为已经提前跟朋友们透露了这一点，他们已经有了心理预期，所以当他们吃到菜的时候也不会感到特别惊喜。万一发挥失常，那就比较尴尬了。所以，你可以这样做，在菜快出锅之前对朋友说：“抱歉，今天的手艺没发挥好，菜做的可能不太合你们的口味。”这时朋友们的心理预期就会变低，但是当他们吃了菜之后，就会发现味道其实非常不错，自然会对你赞不绝口。

这就是“拔刺”。这种方法在谈判沟通中会带来意想不到的效果。

看看我们周围，很多人在沟通时总是喜欢把自己的问题刻意隐藏起来，不想让他人知道。但是“世上没有不透风的墙”，刻意隐藏的问题终会浮出来。如果我们的问题被别人指了出来，那会特别尴尬。

所以一定要记住，在沟通的时候，先要仔细想想这些问题：你让对方最不满意的地方是什么，对方觉得你最差的是什么，对方觉得最委屈的是什么……找出这些问题，在沟通之前先把这些问题摆出来，接下来沟通就会变得容易很多。

《掌控谈话》一书的作者之一克里斯·沃斯曾服务于一家大企业，同时带着一个小企业和甲方合作。但是，由于甲方突然发生了变动，这家小企业也因此遭受了一些损失。这时候，沃斯是怎样去和这家小企业的老板解释的呢？

沃斯没有回避问题，而是直接摊牌：“这个项目我们可能没法做了，而且会给你们造成很多的损失。”小企业的老板当时就蒙了。

沃斯接着说：“我知道一切都是我的问题，是我把你们拉到这个项目中来的，是我邀请你们来参加的……所以我觉得特别不好意思。如果你需要赔偿，如果你需要叫停，如果你需要怎么样，我都可以。我破产也会帮助你。”

当沃斯把这个态度摆出来时，对方觉得损失一定非常惨重。

沃斯接着把结果说出来：“现在可能没有过去那么丰厚的利润，只有这么多了。你可能不接受，因为这对于你们来讲真是太不公平了，我实在是不好意思。”

对方发现结果并没有想象中那样惨，还可以接受，便欣然接受。就这样，本来可能会爆发的问题，沃斯通过“拔刺”便处理好了。

追本溯源，我们发现通过“拔刺”来沟通，不是在谈信息，而是在谈感情。也就是说，要为沟通营造一个良好的氛围，这样沟通才能顺利进行下去。

气氛不对时先关注情绪再关注内容

沟通环境是否恰当、是否安全，很大程度上决定了沟通的效果。这也是中国人喜欢在酒桌上谈事情的主要原因。人往往在喝了酒之后，整个状态都会放松下来，彼此之间也更愿意坦诚相待，更愿意进行良性的沟通。

为什么很多沟通还没开始就失败了？就是因为没有关注环境，没有关注氛围。比如，你下班回到家里和妻子大谈工作，最后多是以妻子的敷衍来收场；如果妻子当天心情不好，整个沟通过程还有可能变得非常沉闷。

所以，当你发现对方情绪不对或者气氛出现不利于对话的变化时，就应该马上停止内容方面的沟通，转而修复谈话氛围，这样才能营造一个安全的沟通环境。

学会做一个双核的对话人

什么是双核对话人？生活中，很多人应该都用过双核手机，一般来说，我们会用其中一个核处理游戏、娱乐，用另一个核处理电话、短信等。同样，我们的大脑中也有两个核：一个核负责管理氛围、情绪，另一个核负责管理信息、内容。

那么，大脑中的这两个核哪一个更优先呢？答案是，处理氛围的核要优先得多。因为在沟通过程中，如果我们不先把情绪和氛围处理好，不能照顾他人的情绪，也不关注他人的需求，那么沟通肯定很难成功。

《关键对话》一书指出："其实人们不会因为你表达的内容感到气愤，他们表现出抵触情绪是因为在对话中失去了安全感。因此，问题的关键并不在于对话内容本身，而在于对话的方式和气氛。实际上，我们很多人都不具备'双路处理'能力（即同时关注对话内容和对话气氛两方面），当对话风险很高、双方情绪激动的时候更是如此。我们往往深陷于对话内容无法自拔，几乎不可能腾出精力去观察自己和对方会有哪些细微的变化。"

由此可见，当发现谈话的氛围不太对，对方情绪上有点紧张的时候，你应该先把负责谈话内容的那个核关掉，然后用负责谈话情绪和氛围的那个核来恢复气氛。当整个谈话环境恢复如初以后再开启谈话的内容。这才是进行有效沟通的方法。

一个情商低的人和一个情商高的人区别在哪里？

情商低的人在沟通时往往不会关注对方的情绪，也不会顾及沟通氛围，而只会按照自己的想法去谈，怎么痛快怎么来；而情商高的人在沟通前一定会先处理情绪和氛围，因为他懂得换位思考，懂得延迟满足，也善于营造氛围。

在生活和工作中，所有真实的谈话都难免会出现很多反弹，遇到很多的矛盾，这时候我们一定要做个高情商的人，学会营造安全的沟通环境。

在电影《中国合伙人》中，有这样一个精彩片段：佟大为、黄晓明、邓超三个人扮演的角色到美国谈判，最终获得了成功，其中一个调整氛围的暂停起到了很关键的作用。

刚开始，谈判的上半场很艰难，美国人直指他们是“窃贼”，要向他们索要巨额赔偿。这时黄晓明有些着急了，开始与对方争吵。这样下去，谈判自然不会有好结果，双方很可能会因此开始走司法程序，这样对中方是十分不利的。

这时候，佟大为及时提出：“我们先不谈了，先休会。”当氛围不好的时候，佟大为首先关闭了谈话内容那个核。这时候，黄晓明也意识到了问题所在，随即向对方道歉。同时拿出法典，继续沟通，并转用另外一种策略，最终获得了谈判的成功。

通过心律共鸣营造气场

什么是心律共鸣？心理学家研究发现，一个婴儿很容易就能感知到旁边人的精神状态。当你抱着他的时候，你的心跳会直接影响婴儿的情绪。如果这时候你是安静的、平和的，那么婴儿也会特别安静；但如果你是焦躁不安的，或者一直在说："别哭了！别哭了！别哭了！"那么你的这种情绪会很快传染给他，他反而会哭得越来越厉害。

这就是心律共鸣。

关于这件事，我的感受很深。我儿子小时候，有时候会哭得特别厉害，奶奶、妈妈轮番上阵，可是任谁抱谁哄都不管用，但是只要我一抱他就不哭了。

为什么会这样？因为我和我妻子工作都很忙，平时都是奶奶带孩子。奶奶抱着他的时候，他越哭奶奶就越急，奶奶越急他就越哭。奶奶每天带孩子，本来就很累，所以这时候奶奶是焦躁的，而孩子感受到了奶奶的焦躁，自然也开始变得焦躁。

那么，为什么妈妈抱也哄不好他呢？这也是很多妈妈在带孩子时面对的问题。这主要是因为，妈妈在生孩子这段时间原本就非常辛苦，心里已经很烦躁了，这时孩子再哭闹不停，妈妈的情绪自然会受到负面影响，结果就常常会出现妈妈抱着孩子一起哭的情况。这时候，必须找一个心态平和的人来抱孩子，爸爸当然是最好的人选。

我们家就是这样，每次奶奶、妈妈收拾不了局面的时候，我就会主动接手。因为我平时工作忙，难得抱一回孩子，即使儿子在我怀里哭，我也是开心的，因为这让我感受到了当爸爸的感觉。所以，尽管他在哭闹，我的心态也是平和的、幸福的。而在我的影响下，儿子很快就会安静下来。

对婴儿来说，这是心律共鸣在起作用，而对成人来说，这就是气场在起作用。也就是说，你的气场会在很大程度上影响到他人的气场。

什么是气场？气场就是你今天的状态。什么是状态？状态就是你体内所分泌的神经递质：一个叫作睾丸素，另一个叫作皮质醇。

人在压力状态下需要皮质醇来维持正常的生理机能，睾丸素则是一种状态激素，能够提升体能。睾丸素和皮质醇的含量配合起来，决定了你今天的状态。

当一个人的睾丸素含量升高，皮质醇含量降低时，表现出来的是自信、从容，特别有感召力，这就是领导力的特征。当一个人的皮质醇含量升高，睾丸素含量降低时，表现出来的就是萎靡不振、焦虑、难受。当一个人的皮质醇和睾丸素含量同时升高时，就会表现出特别有进取心，特别想做事，但会极其焦虑，也就是说，他正是用焦虑的状态来表达自己的进取心。而当一个人的皮质醇和睾丸素含量都降低时，他就会表现得非常淡然，一切都无所谓。

这是双激素原理，也就是说，你的状态不是单个激素起作用，而是两个激素相互配合的结果。

调整气场的几个高能量姿势

在生活中，通过观察我们会发现这样一种情况：很多人晚上下班后会在公交车或地铁上与其他人发生争吵，但是在早晨上班的路上这种情况却相对较少。这是为什么呢?

因为清晨的时候，人体内分泌的血清素比较多，皮质醇比较少，整个人是比较清爽的，所以大多能够很开心地去上班。可是到了晚上下班的时候，体内的血清素已经快消耗殆尽，皮质醇却全出来了，再加上白天有可能被老板骂了，或者被同事挤对了，所以晚上到了地铁里，人的火气往往比较大，自然更容易与人吵架。

因此，我们要从生理的层面、原理的层面，来想办法调整自己的气场。这里我介绍几个调整气场的高能量姿势。

1. 学学神奇女侠

很多人都看过电影《神奇女侠》，影片里神奇女侠有一个招牌姿势，动作非常简单：双腿分开，站在原地，双手叉腰，两个胳膊肘向外，抬起头目视前方，保持两分钟。这就是一个高能量的姿势。

如果你要去做一件非常重要的事情，比如参加面试，或者见相亲对象，那么在去之前可以先找个安静的地方，保持这个动作两分钟。这时候你体内的睾丸素水平就会快速上升，同时皮质醇水平会快速下降，你的自信就来了。

2. 练练瑜伽

瑜伽改变的不仅是你的身体姿态，还有你的心理状态。当你的体形和姿态发生改变以后，是很难再恢复的，这时候你整个体内的能量状况就变得不一样了。你可以通过练习瑜伽来恢复身体姿态，从而改善心理状态。

3. 其他高能量姿势

生活中还有一些高能量姿势，比如用双手抱住后脑，把两脚放到桌子上；比如站立时，双手放在桌上，身体前倾。这些状态代表着你是自信的，你是有能量的。

总的来说，无论是情绪，还是气场，都与你想要的沟通效果密切相关。正如男女间谈恋爱一样，因为整个情绪和气场都是甜蜜的、高能量的，所以彼此说什么对方都会听得进去。当与别人进行沟通时，你可以想一想，你谈恋爱时是什么感觉，这有助于你营造一个良好的沟通环境。

第六章

用长颈鹿式沟通破解沟通困境

长颈鹿有三个特点：高、反应慢、心脏大，这三个特点可以巧妙地运用到我们的沟通当中。心大，遇事不计较；反应慢，从不觉得什么事都会对自己有伤害；再加上它站得高，看得远，不会对眼前的小事斤斤计较。

长颈鹿式沟通的优势

前面我们多次提到，尊重是沟通目的的共性之一，而要想学会尊重的表达方式，一定不要忘记沟通的目的。任何盲目的、无目的的沟通，都是毫无意义的。

> 我在上大学的时候，班上有一个特别固执的同学。在谈论某件事时，只要他认为是正确的，不管别人怎么说，他都会与人争论不休，甚至不给对方好脸色。长此以往，再没有人愿意跟他一起讨论问题或沟通某些事。同学们虽然平时跟他也会有交集，但很少有人能和他真正交心。

现实生活中这样的人有很多，甚至有时候我们自己也会无意识地暴露出这种状态。幸运的是，有的人意识到了这个问题，有则改之，无则加勉；但有的人却浑然不觉，直到形单影孤，身边再无一个朋友。

为什么会出现这样的情况？我们说，人与人之间进行沟通是为了解决问题，也就是说沟通一定是有目的性的。任何顺畅的沟通都应该基于目的之上，不能偏离这个轨道。而与人沟通不畅者多半是忘记了沟通的目的是什么。如果忘记了目的，我们就会成为情绪的奴隶，情绪会左右我们的杏仁核，杏仁核一旦“发作”，再说什么都是徒劳。

所以，与人沟通时，我们一定要记住沟通的目的。在这里我给大家介绍一个非常实用的沟通方式——长颈鹿式沟通，它可以在很大程度上让我们在沟通时不会偏离轨道，不会忘记初衷。

长颈鹿式沟通来自我对长颈鹿的观察，我经常带儿子去动物园看动物，在这个过程中，我观察到长颈鹿有三个特点：高、反应慢、心脏大，这三个特点可以巧妙地运用到我们的沟通当中。

长颈鹿的第一个特点：高

高的好处是什么？站得高，可以看得远。擅长长颈鹿式沟通的人不会因为一点小事儿而纠结，与人没完没了，他们会看到更长远的问题；他们知道自己的沟通目的是什么，不会被情绪带着走。这正如我们培养自己的孩子，绝不能因为他今天犯了一个错误，就否定了他的将来，这是不客观的，也是不公平的，我们一定要看长远。

为什么蛇特别容易攻击别人？因为蛇是贴在地面上的，这使得它的视线较低，看不到远方，所以身边有任何的风吹草动，它都觉得是危险。你可能是无意识地站在了它的旁边，根本就不想伤害它，或是根本没留意到它的存在，但是从它的视角看，你是一个庞然大物，你要伤害它，所以它会毫不犹豫地咬你一口。

举一个夫妻间沟通的例子。或许有人会问：你为什么总用夫妻关系来举例？我想说，因为夫妻间接触最多，矛盾自然也最多。

晚上，妻子在家里做了一桌好菜，等丈夫下班回来吃饭。结果，丈夫因为加班到很晚才回来。一进门，妻子便开始用蛇的方式与丈夫进行沟通。

“你怎么回来这么晚？我还以为你不回来了呢？”妻子怨气明显。

丈夫本来工作一天就很累了，回到家妻子不仅没有安慰，反倒埋怨自己，心里肯定不痛快：“我不是加班吗，谁愿意天天这么晚回来啊！”语气明显有些生硬。

“那你不知道打个电话啊？你心里有没有我啊？”妻子一听丈夫的语气，心里更不舒服了，开始上纲上线。

“我心里要没有你，我能天天加班啊？我整天累死累活的为什么啊？”丈夫开始发飙了。

“说的倒好听。我在家忙活半天辛辛苦苦给你做了这么多好吃的，你回来得晚还不打电话告诉我，还有理跟我喊？”妻子越说越气。

丈夫一怒之下，把卧室门一关，直接睡觉去了，留下了独自生气的妻子坐在那儿伤心难过。

原本应该是一个温馨的晚餐小聚，就这样被毁掉了。

毫不夸张地说，这样的案例几乎在每个家庭都发生过，而且很多是正在进行时。其实，我们静下心来想一想，妻子辛苦买菜、做饭，等待丈夫回来一起吃饭，是为家庭温馨和睦；而丈夫经常加班，也是为了能给家人更好的生活。两人都是为了这个家能更好，那么，为什么会出现沟通困境呢？因为一方先用了蛇的沟通方式质问，而另一方也用了蛇的沟通方式回应，结果自然会彼此心生芥蒂。妻子忽视了丈夫辛苦工作的劳累，只是一味地责怪丈夫没有按时回家；而丈夫也忽略了妻子为自己辛苦准备晚饭，只是认为对方不可理喻。如果两人都能够按照长颈鹿的方式来沟通，那么可能会变得完全不一样。

丈夫很晚才到家，尽管此时妻子心里有怨气，但是她选择了先克制，然后问清楚："亲爱的，你最近总是回来很晚，是不是工作太多了？"

"是的，最近手上工作比较多。"丈夫尽管很累，但是妻子能体谅自己的辛苦，心里还是很开心的。

"辛苦了亲爱的。原本我准备了好几个你爱吃的菜，准备跟你来个烛光晚餐呢。"妻子讲清事实。

"真的很抱歉，我也想早点回家，确实是工作太多了。"丈夫非常过意不去，主动上前深情拥抱了一下妻子。

“亲爱的，别太累了，我很心疼你。这样吧，我给你放些热水，你先去洗个澡，我去把饭菜热一热，我们一起吃。”妻子的语气变得更温柔了。

本来丈夫在办公室加班的时候已经泡了方便面，见妻子如此体贴，自己也是非常感动，于是乖乖去洗澡了。

尽管这顿晚饭吃得很晚，却是一次非常愉快的家庭小聚。

如果夫妻之间都能采用长颈鹿式沟通，争吵就会越来越少，夫妻关系就会越来越和睦，家庭也会越来越幸福。

长颈鹿的第二个特点：反应慢

长颈鹿的反应有多慢？据说长颈鹿走过一个水坑，要过半个月才感觉到自己的脚湿了。当然，这种说法有些夸张，却形象表现出长颈鹿的反应总是慢半拍。

反应慢，用一个专有名词来解释就是——钝感力，具备钝感力的人，大多会从容面对生活中的挫折和伤痛，也会坚定朝着自己的方向前进。正如渡边淳一所说：“钝感就是一种才能，一种能让人们的才华开花结果、发扬光大的力量。”

钝感力与敏感力是相对的。前面我们说了，蛇之所以容易伤人，就是因为敏感力超强，所以蛇的沟通方式特别容易伤人。生活中那些“玻璃心”的人大多非常敏感，遇事总是斤斤计较，特别在意他人的评价，这样的人特别容易被情绪左右，从而让沟通陷入僵局。

长颈鹿的第三个特点：心脏大

长颈鹿长得高，所以需要一颗大心脏，这样才能把血液输送上去。心脏大，心就比较大，凡事大大咧咧的，不往心里去。有的人认为心大的人比较傻，但我却觉得心大是一种生活的智慧。因为很多时候，过于计较得失与成败并不能改变当下，还不如想开一点，看远一点，学会淡然与放下。

为什么长颈鹿是很温和的动物，从来不伤人？这与它的这三个特点有很大的关系：心大，遇事不计较；反应慢，从不觉得什么事会对自己有伤害；再加上它站得高，看得远，不会对眼前的小事斤斤计较。

那么，具体来说，什么是长颈鹿式沟通呢？对此，我总结了以下几点：观察、感受、需求和请求。掌握了这几个方式，我们在与人沟通的过程中就不会偏离主题，也不会忘记最初的目的。

观察：只讲事实，不加入评判

长颈鹿式沟通的第一个方法就是观察，把你看到和听到的东西准确地描述出来。也就是说，当我们听到什么或者看到什么的时候，我们应该先讲事实，而不是先表达观点。

很多人在沟通时一开始就陷入困境，是因为他们的表达不是描述事实，而是带有评判色彩。比如，孩子犯了一个小错误，妈妈一上来就指责："你总是这么不小心！""你总是这么笨！"再比如，丈夫下班回来晚了，妻子一上来就抱怨："你怎么从来不能准时回家？""你怎么从来都不关心我？"等等。

在沟通还没开始之前，就直接加入评判色彩，对方心里必定不会舒服。没有人喜欢被别人贴标签，因为贴标签是不尊重人的一种表现。当你给孩子贴上"你总是这么笨""你总是不小心"的标签时，就很容易把孩子催眠成一个真正的"笨孩子"，同时也容易激起孩子的逆反心理。同样，当你给爱人贴上"你真不可理喻"的标签时，往往就是把对方放在了自己的对立面，一些本不该发生的矛盾，就会因此而发生。

所以在沟通前，我们不要评判，不要贴标签，而是要把我们看到的和听到的事实讲出来。比如，丈夫每天很晚才回家，那么妻子的第一句话不应该是“你还知道回来”或“你怎么不死在外面”，而应该是“最近你回来得都很晚”“你回来时身上都带着酒气”，这些都是她观察到的事实。在说这些事实的时候，不要加入任何评判性的话语。

这是长颈鹿式沟通很重要的一步。

举一对父子的例子。有一年寒假，儿子每天上午都赖床。爸爸当时也没有太在意，心想反正放假了，让儿子多休息休息也没关系。后来爸爸发现儿子白天睡得越多，晚上就越不想早睡，这时候爸爸意识到必须要纠正儿子了。

一天上午，爸爸回到家发现儿子还没有起床，心里有些生气，就随口说了一句：“快起床了，懒家伙！”没想到，一句话引起了儿子的强烈反应：“我不是懒家伙，你才是懒家伙。”看到儿子情绪上来了，爸爸意识到这样下去儿子肯定会很委屈。于是爸爸没有再继续和儿子争论。就这样一天过去了，儿子也没怎么和爸爸交流。

第二天，儿子还是继续赖床，一直到上午10点还没有起床。有了昨天的教训，爸爸决定换一种说法。他语气极为温和地说：“儿子，我看到了一个早上10点还不想起床的小家伙。”这次他没有再给儿子贴任何诸如懒惰的标签。

没想到，小家伙一个翻身就从床上蹦起来：“爸爸，其实我早醒了，正要起床呢！”他给了自己一个完美的理由。“我知道，那现在咱们准备去吃点东西吧！”爸爸顺着儿子的语气说。

很快，儿子就穿好衣服，洗漱完毕，和爸爸妈妈一起来吃饭了。这样的一天，儿子的心情也是愉快的。

著名哲学家克里希那穆提说：“不带评论的观察是人类智力的最高形式。”只有当你不带评判地去观察，才会发现事情的真相。

比如，你和朋友商量好一起去逛街，结果到了临出门的时候，对方却说不想去逛街了，想去看电影。这时你可能心里有怨气，但你要平静一下，然后再来描述事实：“今天咱们约好是去逛街的。”在描述这个事实的过程中，你的情绪没有给对方下结论，对方听到这句话心里会有所愧疚，接下来你再与他进行沟通就会顺利很多。这就是不带评判的观察。

那么，如果你下了结论会怎么样呢？比如你说：“你这个人怎么这么不守信用？”当“不守信用”的话一出来，就一定有了评判；有了评判，对方就会马上变得不舒服，接下来的沟通自然会不顺畅。

另外，在沟通过程中，你的遣词造句也要注意，有一些词是不能用的。比如“你从来都不……”“你一直……”“你总是……”“你又……”这些词只要一出现，马上就会变成评判，对方就会认为你这样是在针对他，他自然会提出反驳，从而导致沟通受阻。

所以在不带评判地观察这件事情上，我们需要下很大的功夫。

有一次，我代表 IBM 给海尔上了一堂有关领导力的课。当时，我觉得自己讲得还不错，下面的学员反馈也很好。跟我一起去的一位 IBM 的领导一直在后面观察我，他觉得我有些地方做得不太对，但没有直接指出来，而是在课后找机会跟我进行了沟通。

原来，我在课上讲得太多，却很少让学员回答问题，缺少与学员的互动。这种讲课方式不属于 facilitation（建导，引导他人主动参与的互动过程），而是用 training（培训）的传统方式上课。这种讲课方式的基本原则就是，我在上面说，你在下面听就可以了。这显然不是 IBM 培训的初衷。

这个领导非常聪明，他发现了问题，但没有直接对我说。如果他当时直接对我说："我觉得你今天讲得有点多。"我心里肯定会不舒服，因为这话里面加入了评判。

课后，这个领导给我打了电话："樊老师，关于今天的课，我想给你做一个反馈！"我说："好啊，没问题。"于是他便把认为有问题的部分直接按我的原话向我陈述出来，他的这种方法就是讲事实，即不带评判的观察。

接下来他说："我观察到学员在做游戏的时候，并没有体会到你想要传达给他们的内容。这可能会影响到他们对已有知识点的接收。这是一个短期的、局部的影响。我们担心这门课程在中国的传播会变味，而且不利于你成为一名优秀的建导师，也不利于我成为一名优秀的引导师。”

他的话自始至终都是站在我的角度来考虑问题，他是为我着想。我当时的第一反应是这个人真的很高明，于是我立刻说：“您说得对。有道理，我改。”这个领导接着说：“不，樊老师，你有什么想法可以说出来，也有可能你的方法更好，因为学员很喜欢。”最后他还鼓励我多说，我说：“我觉得我没有学好，我很抱歉。”

整个过程没有反弹，而且后来我们成了好朋友。

由此可见，沟通时，开场前我们一定要学会不带评判地观察。当你把这个观察讲完了以后，要用“我看到……”“我听到……”等句式把整个事情描述出来，而不是用“你很自私”“你很懒”这些语句去评判对方，这样才能把沟通的序幕顺利拉开。

感受：说出真实感受，挖掘真实需要

沟通中有矛盾、有分歧在所难免，毕竟让彼此感同身受是不太现实的。虽然感同身受有些难，但是沟通双方达成理解和包容却是可行的。

我们前面说了，沟通前要不带评判地去观察，应该讲事实，接下来又该做什么呢？那就是要直接、清楚地讲出自己的真实感受。比如“我觉得很难过”“我感到很失落”“我很担心”等等，这些都是你的切身感受和体会。相比批评和指责，很好地表达自己的感受，更容易让人接受。

但遗憾的是，我们常常在表达感受时夹杂了太多的个人情绪。当你在担心、焦虑、无助、委屈或失望的真实感受下，本能地加进一些不良的情绪（如怨恨、暴怒等），这时候体现出来的就不是你的真实感受了，而沟通就有可能因为你这些不实的表达陷入困境。

比如，你发现孩子最近学习态度有些不端正，此时你的真实感受是担心他的学业。但是你在表达这种担心的时候，却把愤怒的情绪加了进来，也就是说你没有描述事实，而是加入了评判:“你怎么又这样，都说过你多少次了!”这时候孩子会怎样？或许，他原本也想改正，可是却找不到方法，或者因为忘记了而没能及时改正。听到你这样说，他的委屈就很可能转化成愤怒，轻则他会把自己关在房间里拒绝与你沟通，重则你们之间会爆发一场争吵。不论发生哪种情况，亲子沟通都会很难再顺畅进行。

聪明的家长应该怎么做？你可以先平静地告诉孩子你看到的事实，然后再委婉地表达出你对他的担心，并适时提出你的需求，就是希望他能改变。此时孩子多半会尝试理解你对他的担心。彼此敞开心扉，沟通就顺畅了。

由此可见，在沟通过程中，表达出真实的感受很重要。那么，哪些是真实的感受，哪些又是不真实的感受呢？这就需要我们进行仔细的分辨了。

学会分辨感受是一种很重要的技能。

生活中常有很多人觉得自己表达了感受，但事实上他表达的并不是感受。比如，我们经常会说:“我觉得你让我很生气。”在这句话当中，你所表达出来的不是发生的事情让你很生气，而是对方这个人让你很生气，这就不是真实的感受。真实的感受是，当时发生的事情让你心里不舒服。比如，表达辛苦的时候我们经常会说:“我觉得我最近很辛苦。”这样的表述也不是你的真实感受，而只是你的个人想法。你觉得很辛苦，应该是你最近工作很忙。再比如，失恋时我们常会说：“我感觉自己被抛弃了。”如果真的失恋了，真实的感受应该是伤心、难过，所以“被抛弃”不是一种感受，只是你自己想象的一个状态，等于你自己在这种感受中加了戏。一旦加戏，就背离了长颈鹿式沟通，即你没有用尊重的方式与对方谈话，你这时只想指责。

以上提到的这些我们经常会有的感受，其实都是不太客观的想法，或者是加戏想象的情景，这些感受都不是真实的。真实的感受应该是“我自己感受到了一种感觉”，而不是被别人怎么样。

为什么在沟通中表达出自己的真实感受非常重要呢？因为你的感受的背后一定潜藏着你的需求。不把感受表达出来，你的需求就不会被挖掘出来。

夫妻之间为什么总会发生争吵？因为我们所表达出来的通常都不是我们真实的感受，而是通过带有评判的观察之后臆测出来的对方的行为，这时候的沟通自然已经完全变了味，吵架也就在所难免了。

我们看一段对话：

妻子：“你每天都要这么晚回家吗？”

丈夫：“我的工作性质就是这样的，难道我还有别的选择吗？”

妻子：“那究竟是我重要，还是工作重要？你是不是对我、对这个家不再关心了？”

丈夫：“无理取闹！你看看周围有几个人不加班的？难道他们都不关心自己的家庭吗？”

妻子：“你真是一点都不靠谱。”

在这段话中，妻子原本是想让丈夫能早点下班，多陪陪自己，不要把所有的时间都放在工作上，可是她却没有真实表达出自己的感受，而是带着评判去观察，结果不仅没能达到目的，反而让沟通不欢而散。由此可见，如果你想提出需求，就一定要表达出你的真实感受。如果对方不了解你的感受，自然也不知道你究竟想要什么。

因此，我们在沟通前要先观察，不加入评判，只描述事实——你最近回家有些晚；然后表达出自己的真实感受——我感到很无聊；接下去表达自己的需求——我希望你多陪陪我。这样对方更容易接受你的建议，然后你再提出一个可执行的请求——每周早回来两次，那么接下来的沟通就会变得很顺畅，而且会很有成效。

行动：提出具体可执行的请求

当我们不带评判地去观察时就会发现，在那些看似不怎么友好的语言和行为之下，最深层次的需要，往往都是人类共通的需求，如归属感、快乐、理解、信任、尊重、爱……前面我们已经详细探讨过需求这个问题，在这里不再赘述。总之，当这些人类共通的需求没有得到满足时，就会出现各种各样的矛盾。反之，如果这些需求得到了满足，那么矛盾自然就会变少了。

当挖掘到对方的需求之后，我们还需要做什么呢？这时你还可以提一个可执行的请求。为什么是可执行的请求？因为请求有可执行的，也有不可执行的。

比如，妻子对丈夫说："你要一辈子都听我的话，我说什么都是对的。"面对妻子的这个请求，丈夫一定很苦恼，因为从本质上来说，这是一个难以做到的请求。再比如，家长对孩子说："你以后机灵点儿行吗？""你以后勤快点儿好吗？""你能从现在开始记住饭前要洗手吗？"

当这些话说出来以后，已经不再是请求了，而变成了一种有压迫感的要求。这种要求往往带有一些羞辱的性质，会让孩子觉得背上了沉重的包袱，沟通自然很难顺利进行下去。

与不可执行请求相对应的，是可执行的请求。

比如，丈夫最近总是很晚才下班回家，妻子可以这样说："亲爱的，以后能不能每周有三天的时间，8 点钟以前回家？然后咱们一起做饭、一起吃饭。"这是可执行的、可操作的，远比"你要一辈子都听我的话"更容易执行。

再比如，你想让孩子养成饭前洗手的习惯，可以这样说："你愿不愿意跟我一起想想办法，怎么才能记住饭前要洗手？"这远比"你能从现在开始记住饭前要洗手吗"这种说法好得多。因为这是一个当下就可以达成的目标，而且达成之后，孩子是没有负担的，因为这是他跟你一起想办法解决的问题。

我在家里就经常对我儿子用这招儿。每次我跟儿子协商解决问题时，从不会直接提出具体的"你应该怎么做"的要求，而是会向他发出请求："儿子，咱们一块想个办法吧，想想怎样能够解决这个问题。"每一次我都故意让他先提出办法，他提出之后，我就会说："哇！太好了！"然后我会和他一起去做。因为办法是他自己想出来的，这时他一定会有动力去做。

所以，当我们能够把所有的事情变成一个可执行的、能够有操作性的，而且不具有特别大的攻击性，也没有特别多贬低意味的请求的时候，整个沟通过程就会顺畅很多。

再来举一个很贴近生活的案例。最近几年，校闹事件时有发生。主要是因为现在孩子大多是独生子女，家里娇惯自然少不了。当自己的孩子在学校被人欺负了或受了伤害，很多家长会冲到学校里大吵大闹，要一个说法，因为没有一个父母愿意看到自己的孩子被欺负、受委屈。

面对这种情况，学校应该怎么应对呢？一般来说，校方可以先平抚好家长的情绪，接下来不带评判地向家长描述出事实，然后再去了解他们真正的需求。

多数情况下，因为孩子被欺负或受到了伤害，家长会感到很伤心：我把孩子交给了学校，结果你们没有管理好。说到底，他们的真实诉求往往是想要孩子在学校里健康成长。

了解了家长的感受和诉求后，校方可以根据家长提的要求，整理出哪些是可执行的，哪些是不可执行的。可执行的尽量去满足，比如增加一些安全设施，加强对学生安全意识的教育，等等；不可执行的要说出不可执行的原因，争取家长的理解。

事情到这还不能结束。因为在满足了家长的一些可执行请求之后，校方也要适时提出自己的诉求，那就是学校需要一个良好的教学秩序，不能整天纠结于校闹的问题，否则教学工作难免会受到影响，最终受影响的是每一个孩子。当问题合情合理阐述出来，相信绝大多数家长都是会理解的。

这就是长颈鹿式沟通的高明之处。总结起来其实很简单，就是不带评判地去观察，说出真实感受，挖掘出真实需要，最后再提出具体可执行的请求。如果能够把这一连串的方法都掌握好，并成功运用到沟通中，相信每个人都会突破沟通的困境，成为沟通高手。

第七章

如何有效提问与倾听

巧妙地提问可以促使对方进行深入思考，唤醒对方的内在动力，使对方努力去改变自己；倾听则既能满足他人自我表达的需要，又能巩固人与人之间的联结。只有学会提问和倾听，才能成为真正的沟通高手。

不要把建议变成批评

很多人都是热心肠，喜欢给别人提建议。我原来就是这样，常常为身边这个人的行为着急，为那个人的经历心酸，即使对方不主动跟我沟通，我也会自告奋勇地想把自己的真诚意见告知对方。但是，这样的经历并没给我带来好人缘，反而让我屡屡碰壁。

我以前在央视做主持人的时候，工作做得还不错，领导也比较赏识我。后来，我们部门又新招来两个同事，跟我的职位同级。他们入职的第一天，我就非常热心地把我们部门领导的性格、工作习惯和平时要注意的一些细节倾囊相告。我当时的想法很简单，就是希望他们能尽快上手工作，不要再重蹈我的覆辙。我刚入职那会儿，就因为不了解这些情况，在工作中犯了好几次错误，被领导批评之后才渐渐开窍。

我以为我的热心和建议会换来对方的感激，哪怕一句“谢谢”也行。可让我没想到的是，听了我的这些建议之后，其中一个同事竟然冷漠地说：“你在工作中出现的这些失误，不见得别人也会出现。”

当时我心里挺不是滋味，因为我是好心好意为别人提建议，结果却碰了一鼻子灰，可是这件事该怪谁呢？现在想来，只能怪我自己。因为我当时没有领会这样一个道理，那就是不能随便给别人提建议。这样的“建议”，就算是再友好、再客气，在对方看来也是批评，而批评是没有几个人愿意听的。

虽然提建议容易让对方误会，但是这并不是说不能向别人提建议，只要我们掌握一些方法，不仅不会引起对方的误会，还会切实帮助到对方，从而让沟通变得有价值、有意义。

明确对方请教的真实意图

在生活和工作中，我们经常会被不同的人询问不同的问题，比如，员工经常跑过来问：“领导，您看这个问题怎么处理？”或者家人问：“你看这件事怎么办？”孩子也来问：“爸爸，我不知道怎么做，我感到很迷茫。”这些时候，他们遇到的状况已不再是情绪问题，也就是说，不需要你再来安抚他们的情绪，或者他们的情绪已经被安抚好了，他们现在面临的是实实在在的困难，是缺乏想法、没有主意，因此也是在坦诚地向你请教，等着你拿出真实有效的方法来。

在这种情况下，大多数人的沟通方式是“我建议你……”或者“我认为你应该……”。我相信很多人在给别人提建议时都是很真诚的，希望自己能够帮到对方，但在对方看来，你的这些所谓的“建议”很可能就是批评和谴责：你在批评他没你聪明，没想到这一点；你在批评他没你有能力，解决不了这个问题；你在谴责他幼稚，动不动就迷茫……之所以会产生这样的效果，是因为人都有一种天生的自我保护意识，所以当你告诉别人“应该怎么做”时，对方往往会找出很多理由来拒绝。

其实在很多时候，当事人可能并不真的需要你的建议，他来请教你，跟你倾诉、交谈，只是想重新梳理自己的思路，明确自己的真实意图；或者他已经有了自己的决定，只是需要你来帮他印证。如果你的建议符合他的决定还好，否则，他就会试图说服你与他保持一致。如果说服不了你，他又会在心里找无数个理由来支持他自己的观点，或者再去找别人来印证他的观点。

既然如此，如果对方主动来请教我们，找我们沟通，我们该怎样与之交流呢？我的方法就是学会提问，用提问的方法来唤醒对方的内在动力。

什么是内在动力?

内在动力就是你的内心当中想要把一件事做好的欲望。

一般来说，当我们给别人建议时，都会这样说:“你应该试一下这个方案”或“你可以尝试换个思路”，而对方的回答往往是:“我都试过了，没用，不行!”

对方真的试了吗?结果真的不行吗?我们不得而知，但这种回答却传递出一个信息：对方并不想接受你的建议，不管你的建议有没有效。如果你提出一个建议，对方马上回答:“哇，这个建议太棒了!”“你说得太有道理了!”但实际情况是怎样的呢?对方会感觉自己很没面子，他的潜意识中也不会愿意接受这件麻烦事在你的一个建议下就迎刃而解这个事实。所以，你会发现两个结果：一个是，不论你给他提什么建议，到最后都会不了了之；另外一个是，他对你越来越依赖，不断地提出问题，并且跟你说:“前面那个方法我试了，难度太大，不可行，你有没有更好的建议?”

一个人到底能不能找到改变的方向，取决于两个最重要的因素，一个在于他有没有认清自己的现状，另一个在于他有没有建立自己的责任感。作为领导，如果你总喜欢亲自动手替员工做事，给员工出主意、提建议，员工就永远学不会自己承担责任；作为家长，如果你动不动就替孩子做决定、做选择，孩子也永远不能自己学着成长。只有当他们认清现状，并且建立自我责任之后，才会真正去寻找解决问题的办法。而且他们自己提出的解决问题的办法，就是他们的内在动力，他们也一定会努力去实现它。

用提问唤起对方的内在动力

要唤起对方的内在动力，不是你直接给对方提出多么优秀、多么有水平的建议，而是善于以提问的方式来引导对方挖掘自己的潜能，自己找到能够真正解决问题的方法。游泳教练自己不一定是游泳冠军，但他们却能培养出优秀的游泳运动员；企业领导也不是全才，却能培养出许多出色的企业管理者。究其原因，就在于他们善于用提问的方式引导别人找出自己的问题，继而找出解决问题的方法和措施，并充分调动对方的积极性、主动性和能动性，让他们从内心深处愿意去改进自己。这样的人，才是真正的沟通高手。

所以当别人向你请教一些问题，或者问你该怎么做时，如果你直接告诉他应该做什么或怎么做，通常 80% 的情况下都是错的，你的建议和指导也等于做了无用功。只有通过恰当的提问和启发，引导对方深入、广泛地进行思考，让对方自己找到解决问题的方法，他的问题才能真正解决，他也才可能会对你抱有感激之心。

质疑式提问会打击对方积极性

一个人是否具有高效的沟通能力，从某种程度上来说是可以判断出来的。在沟通的时候，由于交流双方有不同的经历和经验，所以难免都想要发表自己的意见。在这种情况下，在表达自己的同时，又能融入对方的世界，并巧妙地诱导对方说出自己的真实想法，再延伸到自己表达的内容中，这种沟通是最好的。也就是说，真正的沟通高手不但会在交谈中加入自己的一些经历，还会有技巧地引出对方的经验，唤起对方表达的欲望。而这就需要一种高超的沟通能力——提问能力。

由于工作关系，我经常需要与一些人交谈沟通。当我想要了解对方的经验时，我就会用一些问题来诱导对方表达，而在提出问题后，对方也会很愿意说出自己的经历和经验。在这个过程中，如果对方也问我："那你的情况怎么样呢？""你当时是怎么做的呢?”这时沟通的话题就有了交集，谈话也能更愉快地继续下去。

但也有一些时候，当我讲述自己的经历或经验时，对方忽然来一句:“你怎么能这么做呢?”“你为什么不试试那种方法呢? 其实那种方法比你这种更好”……结果，我一下就没了继续讲下去的欲望。

这种提问方式就是质疑式的提问。作为一个被提问的对象，如果你不断被别人提出带有质疑性的问题，就像站在法庭上的证人席上接受盘问，这种感觉一定不那么美妙。而随着问题的不断增多，你甚至会感到自己的能力和人品都遭到了强烈质疑，你的自尊也会不断受到伤害。很显然，这样的提问方式不利于沟通的顺利进行。

提问能力决定了你在沟通中是否能够占据主动，或者直接决定了你的沟通效果。而要想保证沟通的顺畅，你就要尽可能地满足自己和对方的表达需求，因为每个人在聊天时都喜欢谈论自己，这是人的本能；同时，每个人也希望在聊天中能获得别人的认可，这也是一种本能。所以，一些乐于倾听并善于提问的男士，总能赢得女士的欢心；相反，一些在聊天时总想表现自己足够优秀，或动不动就质疑别人情商、智商、能力的男士，要获得女性的喜爱就比较难。

工作中也是如此，如果你的提问是为了让自己当一名好听众，同时协助对方解决问题，那么恭喜你，通常你会拥有比较高效的沟通。

在很多沟通中，别人更在乎你怎么对他说、如何请他说，而不是你在说什么。我拿出半小时的时间跟你交流，不是为了听你说你的工作多么努力、你的经验多么高明、你的成果多么卓越，而是为了表达我对这些问题的困惑和我的需求。

有一次，我跟公司里的一名技术人员沟通有关线上运营技巧的问题。一开始，他给我讲了几种他认为比较好的运营方法，我听着也感觉不错。就在这时，我忽然想到了刚刚在一本书上看到的另一种运营方案，觉得很好，然后我直接打断他的话，问他："你为什么不试试××方法呢？我觉得那种更好啊！"

突然被我的问题打断，他有点惊讶，但很快我就发现了他脸上的不愉快，因为他向我提供的方案也很不错，而我没等他讲完，就直接以质疑的口吻问他为什么不试试另一种方法，显然让他很不舒服。

我也马上意识到了这个问题，连忙跟他说："对不起，我有点着急了，请你继续讲你的方案。"等到他讲完后，我才说出我对另一种方法的想法："你讲的几个方案都不错，很符合我们的实际情况。我想再请你帮我分析一下我刚刚提到的方案，看看哪一种更有优势……"结果他很愉快地就答应了。

提问是为了引发思考，而不是要将你的答案和解决方案直接告诉他人，以展示自己的分析和方案有多智慧，哪怕你心里有更好的答案也不要抢着说，而应通过巧妙地提问让对方先说出答案。同时，恰当的提问也能促使双方共同探讨，这样的沟通才会更加有效。

启发式提问能激发对方责任感

要唤醒对方的内在动力，最好的方法就是有效地提问。前文我们说了，质疑式的提问是不可取的，还有另外一种提问方式，就是启发式提问。

什么是启发式提问？就是向对方提出一些带有启发性的问题，帮助对方的大脑打开一个新的窗口，让对方感觉“我真的没有思考过这些问题”，然后引导对方对这些问题进行深入的梳理，寻找能够真正解决问题的方法。

启发式提问可以激发对方的责任感和对自己现状的认知，这是非常重要的，因为一个缺乏自我责任感和自我认识的人是很难改变自己、改变现状的。其实我们生活中的很多人，甚至包括我们自己，都经常想要改变自己、改变现状，但所用的方式往往都是自我批评，这种方式带来的直接后果就是什么都没有改变。比如，我们感觉自己拖延，通常就会说自己“我有拖延症，我太拖延了！”“我讨厌拖延的自己，我真没用”等等。但是，当我们这样不断地自我评价和贬低后，我们的人格就会变得越来越低，自尊水平也会变得越来越低。而人格和自尊水平低的人，是没有改变的动力的。

周星驰有一部电影，叫作《破坏之王》。在电影里，周星驰扮演的何金银是个送外卖的小伙子，他想追求漂亮女孩阿丽，却被情敌打击得痛苦不堪。他沮丧地坐在垃圾堆边，这时有个人过来扔垃圾，看到他后说：“你这个垃圾。”结果何金银不但没反抗，反而厚着脸皮说：“你完全伤害不到我啦，因为我已经疯啦！”

我记得当时看完这部电影后，这句台词给我的印象特别深刻，甚至对我的人生观都产生了很大的影响。是的，别人伤害不到他了，因为他的自尊水平已经低到像垃圾堆一样的层面，这时任何人都无法再让他做出改变，他也根本没有力量做出任何改变。只有当他最后找到了当英雄的感觉，救了女主角后，他的内在动力被激发出来，他才有力量去重新学习，最终走向人生巅峰。

由此可见，一个人要做出改变是需要动力的，这个动力就是我们说的自律，是来自较高水平的自尊。而我们在与别人沟通时，就是要帮助对方建立他的自我责任感，而不是让他不断地自责。

改变现状的标准路径

所有的改变，第一步都是觉知，即通过启发让一个人知道他有哪些问题，为什么自己会出现这些问题。有问题不可怕，我们可以改变，所以第二步就是接纳，接纳自己的现状，哪怕现在的自己很糟糕，我们也仍然爱自己。做到这两步，才有可能做到第三步——改变现状。

所以，觉知、接纳和改变，就是一个人改变自己现状的标准路径。如果一个人总是处于不断的自我责备、自我批评之中，他的生活只会变得越来越糟，任谁向他提出多么有意义的建议都没用。很多赌徒就是这种心态，每次输了钱后，他们都发誓再也不赌了，但很快人们就又在赌桌上看到他了。我见过很多这样的人，你看他胳膊上刻个“忍”字，拿烟头烫自己，就是希望能用这些办法来警醒自己，可越是这样，他就越戒不掉赌。原因就在于他的初始方向是错的，他在不断地指责自己、欺负自己、贬低自己，不断让自己的人格和自尊降低。而没有了自尊，他的生活就不会有任何改变。

好的提问可以激发对方的行动

什么样的提问才是有效的提问，才能激发对方的内在动力和有效行动呢？我这里列出一些类似的提问：你想要达成的目标是什么？具体的目标是什么？有什么指标吗？你的现状是什么？为了实现目标，你都做了哪些努力？你打算什么时候实现目的？你设想的最佳状态是什么？你认为自己还需要在哪些方面进行改进？等等。

我有一位朋友，在一次沟通中，他跟我聊起了他的儿子。当时他儿子正读高三，学习成绩一般，平时也不好好上学，这让他很焦虑。他跟孩子多次沟通，还请过家教，但孩子就是没心思学习。我了解情况后，就把这种提问方法推荐给他。

以前他在跟孩子沟通时，一开始就是苦口婆心地讲道理，发现孩子不听，就开始指责、训斥，表达自己的焦虑，结果可想而知。后来他开始运用我推荐给他的方法，跟孩子交流时这样开口："你不想学习，那么你对未来有什么具体的打算吗？"

他儿子说："我想当个演员。"

他又问："那你想当个什么样的演员呢？"

他儿子说："我就想当个黄晓明那样，有演技的实力派演员。"

他接着问："你觉得怎么才能成为黄晓明那样的演员呢？"

他儿子回答："我得先考上电影学院的表演系，毕业之后应该就差不多了。"

然后他又问："那你觉得，以你现在的成绩，离考上电影学院还有多大差距呢？"

他儿子思索了一会儿，说："我的文化课可能会差一点儿，政治课不行，我没好好背，英语和数学，我再努努劲应该能跟上，考电影学院文化课要求不是太高，所以只要我努努力，考到400来分就有机会了。表演这方面我觉得应该可以；面试，我是有信心通过的。"

看到孩子自己认真地分析了现状，接下来他又问："那么你都做了些什么来实现这一切呢？"

他儿子回答："我没做什么，就是天天想着这事，然后没好好上学，没做什么事。"

他接着说："你有没有哪些可供选择的方法和路径？"

他儿子又想了想，说："您能不能给我请个家教？我想再好好补补英语、数学，而且我这次保证好好学。"

大概过了半年，这位朋友给我打电话，说他儿子考上电影学院了。更神奇的是，他竟然成了他们家族的传奇人物，谁家搞不定上学的小孩子，都会请他"上阵"去提问！

由此可见，要想让对方做出改变，就必须激发出对方的内在动力，让对方心甘情愿地为自己的目标努力，而不是你推着他去努力。

不仅是在家庭中，在工作当中这种沟通方式也很适用。有时候我们跟合伙人、员工之间会因为一些问题出现矛盾，不一定是谁对谁错，只不过是所站的角度或考虑问题的方向不同，这时如果你直接给对方提出建议或意见，沟通就可能陷入僵局。但如果我们以提问的方式与对方沟通，不仅能了解到对方的真实想法，还能启发对方的思维，同时也能结合自己的一些想法，与对方一起寻找解决问题的最佳路径。这种沟通效率是非常高的，大家不妨试试看。

提问时对方才是主角

当我们进行启发式提问时，目的是引导对方进行深入的思考，而不是直接介入对方的问题，或者替对方解决问题。运用这种提问方法，既能达到我们自己的沟通目的，也能让对方有很大的收获。

我太太自己创业，有时遇到难题会来找我寻主意。以前她一找我，我就说："这事我觉得你应该这样……"我提了很多建议，结果她却很不满："哪有你说得那么简单？要是有这么简单，我早就成功了，你就是站着说话不腰疼！"

听她这么一说，我也很郁闷："明明是你来问我的，我现在告诉你答案了，你怎么还生气呢？"结果，两个人闹得很不愉快。

后来我接触到这种提问式沟通方式，当她再来问我时，我就问她："你现在的目标是什么？"她告诉我她的目标。"你的现状是什么？"然后她再跟我讲一通。我再问："那你现在都有哪些选择?”她再继续讲，然后我再问:“那你考虑过 ×× 问题了吗?”……就这样问她大量的启发式问题，等她自己都回答完后，她就会说:“你看你早跟我这么沟通多好，现在我觉得思路清晰很多，以后每个月跟我这样来一次。”

启发式提问分为三步，我们分别来看一下:

询问目标

当一个人带着几个问题来向你请教时，大部分人的做法是直接介入对方的问题，告诉对方应该怎么做，但事实上这并不能完全解决对方遇到的问题，或者说你的答案并不一定是对方期望的答案。

此时我们应该先将自己“置身事外”，不要直接进入对方的问题中，而是先帮助对方弄清楚他的目标是什么，这时我们就可以向对方提问。常用的问题组包括:

- “你要达到什么样的目的?”
- “你希望自己能实现什么样的目标?”
- “你的具体目标是什么?”
- “你打算什么时候实现这个目标?”

……

如果对方的目标较大，你也可以引导对方将目标量化，如：

- “你想在半年内达到什么目的？”
- “在三个月内，你要实现什么目标？”
- “在××方面，你要实现哪些目标？”

……

这里需要注意的是，当对方说出自己的目标时，我们不要评价对方的目标，只要对方能清晰准确地说出他的目标就行了。比如，对方说自己的目标是考上研究生，即使你真的认为考研对他的工作帮助不大，也不要说“考研无用”一类的话，以免打击对方的积极性。

询问现状

现状也就是对方当下的境况，很多人往往搞不清自己的现状，所以也不知道怎样去实现目标，而这一步的提问就是帮助对方理清自己当下所处的状况，比如存在哪些困难、有哪些问题等。常见的问题组如下：

- “你的现状是什么？”
- “你认为当下哪些情况让你感到困难？”

- “你做过哪些努力？效果怎么样？”
- “你现在的状态与哪些情况、哪些人有关？”
- “你是怎样知道这些是事实，而不是臆想的？”

……

这些问题可以帮助对方放大自己的视野，把与自己现状有关的人和事都罗列出来，然后分析这些人和事对自己有哪些影响。有些时候对方对自己的现状判断可能存在偏差，你要及时提醒对方。

询问可选择的方法和路径

对方清楚了自己的目标和现状后，接下来就要明确怎样通过利用或改变现状去实现目标，所以这时你就要询问对方有哪些可供选择的方法和路径，也就是真正的启发了。这一步的常用问题组包括：

- “你打算怎么做？”
- “你有哪些选择或方法可以解决问题？”
- “你下一步的行动是什么？”
- “在相似或相同的情况下，你知道别人是用什么方法解决问题的吗？”
- “你还需要谁的支持和帮助？”

- “还有没有其他的方法?”
- “还有吗?”

……

当提问走到这一步时，我们通常会遇到一个比较常见的问题，就是对方说“我不知道该怎么做”或“我也没办法”。

对方对前面的目标、现状已经非常清楚了，为什么到最后一步会不知道怎么做呢?

有一个重要的原因就是人会陷入一种“限制性想法”当中。什么是限制性想法?就是人会自己给自己设定很多限制，这些限制会让我们不敢或不愿去想。比如，当孩子与家长闹矛盾时，你告诉他:“你可以跟你爸爸妈妈谈一谈。”他的第一反应就是:“我怎么谈?我跟他们根本谈不下去。”这就是限制性想法，他直接就把自己限制在“谈不下去”这个想法之中，所以接下来他也不会有所行动。

在这种情况下，我们对他的进一步启发就是:“在类似或相同的情况下，你听过或见过别人是怎么做的?”“如果能谈下去的话，你觉得答案会是什么?”这就是在打开对方的限制，启发对方去借鉴他人的做法，或者直接天马行空地去想该怎么做，这就达到了启发的目的。

在这部分提问中，我们要尽可能多地问对方一些具有启发性的问题，让对方寻找更多的选项，而且你会发现，当对方参与到这个过程中后，他就会明白问题的责任究竟在谁。也就是说，他会慢慢明白到底谁才是解决问题的主角——这个主角就是他自己。这也是一个优秀的辅导者和一个糟糕的辅导者的最本质区别。优秀的辅导者，也就是那个提问的人，他在提问时会非常轻松，而被辅导的人会非常认真，因为他认识到这是他自己的问题，他需要自己认真考虑该怎么解决这些问题。这是一种正确的辅导。相反，糟糕的辅导者在提问时自己会非常认真，被辅导的人却很轻松，甚至还会不断重复："你看，这就是很难啊！""哎呀，这个不好解决啊，怎么办呢？"因为对方没有意识到责任在自己身上，也没有进行思考，而是期望能从辅导者那里一步到位地找到解决问题的方法，这就是一种糟糕的辅导。

所以，我们在提问时，一定要让对方意识到他才是问题的主角，并且最好能"逼"对方多说出几种解决问题的方案，这时就可能会有很多非常精彩的解决方案出现。

完成以上三步后，对方认识问题、解决问题的思路就非常清晰了，接下来就是将目标落实到具体的行动之中。这时我们可以再加一个问题，问一下对方如何提高行动的可能性。如果对方觉得行动的可能性只有三分，那表明他可能不会行动。此时我们可以继续问对方："改变哪个指标你才能行动？"对方不断修正自己的行动步骤，直到将行动的可能性提高到八九分时，他就有很大的可能性去付诸行动了。

这三步看起来很简单，真正运用起来却妙趣无穷。当然，我们也不要把它们看得过于严肃，想要使其发挥效用，你只要学会一句话就能成为一个教练式的提问者，也就是当别人来问你怎么办时，你只需问对方：“你觉得呢？”这样你就把解决问题的思路转移给了对方。当然，你也可以按照以上步骤认真提问，认真启发对方去寻找解决问题的有效方法。

放下自我，学会倾听

在我们与人沟通的过程中，倾听是必不可少的，而且是非常重要的。在家庭当中，倾听有助于家庭生活的和谐；在工作当中，倾听有助于赢得对方的信任和重视。总之，在这个充满各式各样交际沟通的社会里，倾听都是一种非常有效的沟通方式。

但在实际沟通中，我们总是急于给别人提建议、给安慰，或者表达我们的态度和感受，以为这样的互动才是有效的沟通，却常常忽略了倾听的作用。这就是一种非倾听式的沟通，沟通效果往往并不理想。

我以前在央视工作的时候，接触过很多优秀的主持人，其中崔永元老师的主持风格给我留下了特别深刻的印象，也成为我后来工作时学习的榜样。

在主持节目的过程中，崔永元老师特别善于把握嘉宾的内心感受，并且非常善于引导，往往只说几句话，就能让对方说出更多的话来，而他自己则在一旁做一个倾听者。我记得《实话实说》曾做过一期“郭大姐救人”的节目，主人公郭大姐不是特别善于表达，但在这期节目中，郭大姐在崔永元老师的提问下，说了很多话。在节目过程中，崔永元老师更多的时候就是坐在旁边耐心地听郭大姐讲，有时候听到郭大姐说到某个点时，他还会在一旁微笑。后来笑得声音越来越大，郭大姐也讲得越来越开心、越来越流畅，甚至说出了许多原来没有准备的话题，节目播出后反响特别好。

但我也遇到过其他一些主持人，主持效果就不那么理想了，比如有时在采访嘉宾时，经常给出太多的主观评论，反而忽略了倾听嘉宾的表达。有一次，一位主持人采访的是参加过某次救灾抢险的官兵，原本是打算让嘉宾多讲一些灾情和大家抢险时的表现等，让观众了解到救灾抢险的危险和不易。然而，在实际采访过程中，主持人却在现场直接分析了很多情况，比如“这次灾情的因素大概有这么几个原因，第一……第二……”“在这次救灾期间，大家表现得都不错，您觉得呢?”也就是说，主持人把本该属于被采访者的话都说了，然后只问了对方一句“您觉得呢?”那么对方该怎么回答？就只能回答“是的”了，其他也就没机会再说什么了。

很多时候，当对方向我们倾诉或表达时，并不是为了让我们给他提供什么建议和帮助，只是希望能获得我们的理解和接纳。当我们耐心地倾听对方时，对方就会从我们这里获得一份精神上的鼓励，以及战胜困难的力量。

我们为什么不愿倾听

在沟通时，很多人不愿意倾听的一个主要原因就是放不下自己，因为每个人都是独立的个体，也都有表达自己的权利，要倾听对方，就需要放下自己的态度，融入对方的世界，并努力克制自己也想表达的欲望，这是件很难的事。与此同时，在听别人说话时，一旦对方说出我们不认可或不赞同的观点，我们就急于反驳。如果反驳效果不佳，我们又可能产生负面的情绪反应，后面就根本没法再静下心来认真听对方讲话了。

比如，当妻子跟你抱怨她操持家务、照顾孩子很辛苦时，你可能会产生一些不完全认同的想法，然后反驳说:“你只是每天在家做做饭、洗洗衣服、看看孩子，有什么辛苦的？我的工作才辛苦呢!”“别人家不都是这样过的吗？没听人家妻子说辛苦啊，就你事儿多!”“我也很辛苦啊！我经常加班、出差，也没跟你抱怨什么，你却总是没完没了地抱怨!”……这样一来，你和妻子的沟通就很难再进行下去，或者再进行下去就是一番争吵了。

其实妻子跟你说这些，只是想让你多关心她一下，此时你只需有意识地将大脑中的想法搁置，耐心地听妻子说话或专注于妻子想要沟通的事情即可。这样，妻子才会感觉到你理解她的辛苦，尊重她的沟通。

所以，如果对方想要表达，我们一定要先放下自己的态度或偏见，尊重对方想要表达和沟通的意愿，不随便插话和发表意见，耐心地倾听即可。

适当给予对方反馈

在倾听过程中，为了表示对对方的关注，我们可以及时给予对方一些反馈，比如点头、微笑或简单的认可等，这些反馈可以拉近彼此之间的距离或预防出现一些潜在的暴力沟通。此外，在沟通刚开始时，对方所表达的内容或感受可能只是冰山一角，许多更加强烈的情感并没有表达出来，而耐心的倾听和恰当的反馈就会为他们探究和表达内心的真实感受提供条件，让他们放下顾虑，更加畅所欲言地表达。

美国一家机构曾在雇员中进行了一个调研，目的是调查管理人员身上最受欢迎的素质和最让人讨厌的行为。结果显示，管理人员最受欢迎的素质中，排名第一的不是管理者的专业水平，而是善于倾听；而最令人讨厌的行为中，排名第一的是“blank wall”，意思是“一堵空白的墙”，也就是说，员工在与这样的管理人员说话时，就像对着一堵空白的墙，没有任何反馈，这种感觉无疑是非常痛苦的。由此也可以看出，善于倾听并能够给予反馈，是员工非常看重的管理者素质。

这里需要注意的是，反馈并不是说反驳对方，或表达自己与对方不同的观点、想法等，反馈只是一种对对方的关注和接纳。

有一次，我太太跟我发牢骚，说她公司里的一个员工工作状态很糟糕，工作时间经常溜号玩游戏，结果导致工作完成得很一般……吧啦吧啦说了一大堆。我当时正在看书，就随口说了一句：“如果你感觉他实在不行的话，就换一下人呗。”没想到我的话还没说完，太太就急得跳起来了：“你怎么说得这么轻巧？现在招一个技术人员多难啊……”

所以你看，当对方在倾诉时，千万不要试图打断对方的话或希望对方能停下来听你出主意、听你解释，否则就会妨碍对方的表达，你们的沟通也很难再进行下去。

善于在倾听中吸收对方的信息

善于倾听的人都很受欢迎，但倾听并不是被动地听着，让对方把话说完就行了，这其实是一个接收对方信息的过程。只有将对方表达出来和未表达出来的信息接收到，双方接下来的沟通才有可能顺畅、高效。

沟通学中有这样一个现象：两个人在交谈时，先说话的人会在说话前 5 秒开始想自己该说什么；而开始谈话之后，另一个人就会在 5 秒内开始思考对方下一句会说什么。换句话说，在 5 秒之后，倾听者一直在构思自己要说的话，而对对方的话大多没有听清。即使一个善于倾听的人，也只是将这个时间延长到 30 秒而已。可见，认真倾听并非一件容易事。

要想拥有出色的倾听能力，建立最有效的沟通，我认为可以分为三步走：

第一步：深呼吸。目的是平稳自己的情绪，将注意力集中到说话者身上，让自己能够调整心态，静下心来认真听对方说话。

第二步：提问。在倾听过程中，适当地提一些问题，既是对对方说话的反馈，也是在传递对对方的尊重和关注。提出的问题既可以是开放性的，也可以是封闭性的，目的都是诱导对方继续表达，将内心想说的话都说出来。

第三步：复述。倾听者在听完后，不妨复述一下谈话者所说的内容，以保证自己接收的信息是完整的，避免沟通中出现差错或有理解不到位之处。

作家莫里斯曾说："要做一个善于辞令的人，只有一种办法，就是学会听人家说话。"很多关系的建立和问题的解决都是从善于倾听开始的，所以，要想成为一个真正的沟通高手，就要先努力让自己学会倾听，做一个善于倾听的人。

打造沟通的无错区

什么叫沟通无错区？

我最初看到这个概念时也感到很奇怪：难道生活中的种种沟通都不能犯错吗？难道别人犯了错，我还不能批评吗？但当我真正理解了“沟通无错区”的含义后，我认为这是一个很了不起的概念。

无错区中的“错”指的是批评、指责、评价、命令等，所以“无错区”的意思其实是要将沟通双方的关注力从表面的“错误”转向深层的“需要”。通常在沟通过程中，一旦出现矛盾和冲突，我们的第一反应是什么？我相信大多数人的第一反应都是去评判这件事的对错或寻找责任人，比如：这件事到底对不对？不对的话怪谁？谁应该为这件事负责？等等。但通常你会发现，很多矛盾和冲突的出现可能谁也不怪，只是由于大家所站的角度或看问题的角度不同、利益和诉求不同，或者要达成共同需求的路径不同而已。

这也就是说，那些让我们感到烦恼的矛盾和冲突并没有绝对的对与错，大家阐述和讨论的问题也没有对错之分，不是说你是对的、我是错的，或者我是对的、你是错的，只有双方未被满足的需要。鉴于此，沟通双方就不存在对抗性的矛盾，只有需要双方努力去解决的问题。如果我们能够理解到这个层次，在沟通中有意识地打造“无错区”，那么彼此之间的沟通就会变得顺畅无阻。

要打造沟通的无错区，我们可以从以下 5 个方面入手：

将冲突看成一个需要解决的问题

在沟通中，冲突是不可避免的。不管是在家庭中，还是在工作中，冲突随时随地都可能出现，当冲突出现时，我们该用怎样的态度去对待它？

从理性的角度来说，冲突只不过是各种不同意见的交汇。既然是不同意见，就需要沟通双方学会换位思考，从不同的角度、不同的层次和不同的目的去寻找彼此都能够认可的交叉点。也就是说，要将眼前的冲突看成一个需要解决的问题，而不仅仅是一个冲突。这才是我们处理冲突时的正确心态。

确信你的需求可以获得满足

不论是大人还是孩子，在沟通时都会很在意自己的需求是否能得到满足。一旦需求没能得到满足，就容易产生焦虑、恐惧、愤怒等心理，矛盾就这样产生了。

有一位妈妈跟我抱怨，说孩子喜欢打篮球，不好好学习，这件事让她非常焦虑。于是，她就不断地跟孩子讲道理，要孩子听话，不要在篮球上浪费时间，应该好好学习，考上个好大学。可越是这样，孩子就越不听。母子二人陷入沟通僵局。

这位妈妈心里的潜台词是什么呢？就是“你没有满足我”或“你是不会满足我的”，也就是孩子没有满足她的自我需求。我们前面讲过，这其实是一种匮乏型心态，认为孩子只有听妈妈的，好好学习，才是对的，否则就是错的，没别的选择。很多沟通中的冲突都是这样产生的。

但富足型心态的人面对矛盾时就会觉得，今天解决不了的问题，明天一定有其他办法解决，方法总比困难多，凡事最后都能得到解决，如果还没有解决，那是因为还没有到最后……当你拥有这样的富足心态时，就可以确信自己的需求一定能得到满足，只不过是用不同的、更有创意的方法来满足而已。

你下班回家后感到很累，很想休息一会儿，但孩子一天未见你，想跟你玩，这时你跟孩子间就有了冲突：你的需求是休息，孩子的需求是你陪他玩，怎样才能确信彼此的需求都获得满足呢？

这时候你可以跟孩子沟通一下：“宝贝，我知道你很想让爸爸陪你玩，但爸爸现在有些累，需要休息一下。等爸爸休息10分钟后，就会陪你玩，好不好？”

孩子对自己的需求是否能获得满足同样存在焦虑和恐惧，这种情绪也常常会导致愤怒和自我防御。但当你与孩子沟通后，孩子确信自己的需要能够被满足，就会变得放松，而不会再摆出防御姿态，担心父母用高压或强制手段来压迫或命令自己做事。这样，你和孩子的情绪化反应就会减少，冲突也会减少，彼此信任则会增加。

相信需求可以引出解决方案

我们应该明白这样一个道理：沟通中导致冲突的不是彼此的需求本身，而是为了满足彼此需求所采取的方法或策略。比如，吃完晚饭后，你想看一会儿电视，妻子想早点睡觉，看电视和睡觉都是为了满足放松、休息这个需求而采取的策略，只不过两个人的方法不同而已。但你把电视声音开得太大，就会影响妻子睡觉，这就产生了冲突。如果我们都明白自己的需求，就可以采用更加灵活的策略来解决冲突，如把电视声音调小、回房间关上门睡觉，或者一起坐下看看电视后再睡觉，而不是互相埋怨、指责对方，继而让争执升级。

所以，冲突产生后，沟通双方最终要靠彼此的需求来寻找解决方案，同时要相信自己的需求最终能够为彼此带来解决方案。

我曾经有个合作伙伴，他特别爱挑别人的毛病，你做什么他都觉得不满意，总是想方设法找问题，然后来跟你谈。一开始我感到很烦，后来我慢慢了解到，他这样其实是一种缺乏被人肯定和安全感的表现。他找出工作中的各种问题，目的是说明这项工作很重要，需要他来重视。于是之后他再挑毛病时，我就尽量去满足他的这种内心需求，给予他很多肯定，并表示工作中的这些问题的确需要重视，慢慢他的脾气就没那么大了。

所以，在与他人交谈时不要光看表象，还要看到表象背后的需求，解决问题的根本方法也来源于对双方内心需求的洞察。如果缺乏这种洞察力，你的解决方案就只能浮于表面，根本解决不了实际问题，这样的解决方案也一定是错误的。

用合作和联结化解冲突

当一个人处于情绪当中时，是很难冷静思考的，而只有寻求彼此间的合作与联结，才能从根本上化解冲突。

孩子不想做作业，但妈妈认为家庭作业很重要，不完成会影响学习，也会被老师批评，所以强制孩子做作业。孩子为了表示反抗，直接离家出走了。妈妈这才害怕，四处找孩子，并表示再也不逼孩子写作业了。

这样的结果真正化解冲突了吗？并没有，事实上是两败俱伤。孩子不想写作业一定有更深层的原因，可能觉得题简单，他都会做；或者题目太难，不想做、不会做；或者是面临期末，心理压力大，需要家长的关心和理解。但妈妈没深入了解孩子的需要，只觉得孩子不写作业是不对的，不管遇到什么问题，作业必须要完成，这就会让双方的沟通陷入是非对错的评判之中。而孩子觉得自己的需求没被理解和满足，只有采取激烈的方法反抗才能达到目的。双方都忽视了对对方需求的察觉和满足，矛盾也只会激化，不能解决。

在这种情况下，试图证明自己才是对的，或者无原则地满足对方，都不能真正化解冲突，只有寻求彼此间的合作和联结，让对方感觉你在关心他的感受、关注他的需求，你也很愿意为满足双方的需求而想办法，对方才能理解你的需求，并愿意和你一起解决冲突。

对有效的方法庆祝，对无效的方法学习

虽然我们分析了很多案例，但在现实生活中，没有一个案例能像我们在课堂上或书中这样轻松愉快地解决，因为实际生活中的问题可能会盘根错节、更加复杂。当我们遇到麻烦或挫折时，多数情况下首先想到的是谴责别人或谴责自己。比如看完这本书后，你在实际生活中运用了其中的某种方法，结果发现没起作用，你可能就会谴责樊老师，说这本书根本没有用，都是骗人的心灵鸡汤，等等。

其实这不难理解，这些都是我们从小形成的习惯，可能从小父母就告诉我们，做错了事就要承担责任。怎么承担呢？惩罚做错事的人啊，要么惩罚别人，要么惩罚自己。惩罚别人就是谴责他，把所有责任都推到对方身上；要么就是惩罚自己，骂自己“真没用”，谴责自己笨，“为什么别人能做好，我却不行”，总之为自己设定了很多标签，实际上这是一种对自己的不尊重。

总之，我们习惯了一遇到问题就找个对象来承担责任，却很少能马上想到如何去解决问题。鉴于此，我们强调打造沟通的无错区，因为世界上本来就没有绝对的对和错，事情也不是非此即彼。

所以对于沟通这件事，我的建议是：当你获得了有效的沟通方法后，一定要庆祝一下，给自己一个正面的礼物、一个正面的反馈，对自己说：“今天好开心，因为今天学到的这个方法很有用！”而

对于无效的方法，不要谴责，不妨反思一下：“这个案例没处理好，问题出在哪里呢？”“下次我该在哪个地方进行调整，才能更好地处理这件事呢？”

老子在《道德经》中说：“善人者，不善人之师；不善人者，善人之资。”意思是说：好人、善人是不好的人的老师；而不好的人，就成了好人、善人的镜子。为什么是“镜子”呢？就是说你不看到世间的坏人、坏事，就不能反省自己。这就是不断学习的过程，所以我们可以从进步当中学习，也可以从退步当中学习。对于任何人来说，终身学习都是无处不在的。

第八章

用身体语言认识自己和他人

人们总是会通过自己的肢体语言、面部表情和微妙暗示向他人传递各种信息，如果我们能正确判断这些信息，沟通就会变得愉快而顺畅。

避免用肢体语言暴露内心所想

在开始这个话题之前，我想先请大家检查一下自己现在的肢体状态：有多少人正弓着背，低着头？有多少人正跷着二郎腿，一直抖个不停？有多少人正在左顾右盼？又有多少人正在不停地搓自己的双手？……

我们接下来讨论的话题就是肢体语言在沟通中的作用。著名幽默戏剧大师萨米·莫尔修曾说过这样一段话：“身体是灵魂的手套，肢体语言是心灵的话语。如果我们的感觉够灵敏、开放，眼睛够锐利，能捕捉到身体语言表达的信息，那么，言谈和交往就容易多了。认识肢体语言，等于为彼此打开了一条直接沟通、畅通无阻的大道。”

肢体语言也被称为人的“第二种语言”，在沟通过程中，通过观察对方不经意间表现出来的一些肢体语言，我们就能判断出他们的某些想法或感受，或者一些至关重要的信息，然后据此采取相应的沟通策略，常常能让沟通达到事半功倍的效果。

如果你不想让对方通过肢体语言看透你的想法，就要注意控制自己在不经意间做出的一些小动作，免得这些肢体语言“出卖”了你。

> 在体育比赛中，一些运动员或观众在失分或输掉比赛的时候做的一些小动作都非常有趣。比如在足球比赛中，如果己方被对方攻进了一个球，或者己方的进攻失败，镜头扫向观众席时，你会发现观众们有一个统一的动作：捂脸。
>
> 这是一个收缩身体的动作，意思是想把自己藏起来、蜷缩起来，不要被人发现。当然，不被发现是不可能的，而且这个动作传递的是一种弱势、无助甚至没脸见人的含义。所以即使你没看场上，只看观众的这个动作，基本就能判断出场上发生了什么。

神探福尔摩斯我们都很熟悉，他的高明之处就在于，能够根据对方的外套袖子、指甲、脚上的靴子、膝盖处的褶皱，以及面部的微妙表情和种种行为来判断其内心活动。他说：“如果在得到所有这些信息的情况下仍然无法对这些信息的主人做出准确判断，我认为这就是天方夜谭。”为什么福尔摩斯能如此自信？因为他很清楚，人的肢体语言中蕴含大量信息，这些信息能够传递出来的能量同样非常巨大。犯罪嫌疑人可以编造出各种各样的谎言，但他们却很难控制自己的肢体语言，或许在不经意间就会把内心的秘密泄露在一个动作中，或者隐藏在一个看似没什么深意的手势里。

由此可见，在与别人沟通时，为了不被看穿内心所想，我们就要在肢体语言方面有所注意。一般来说，需要注意下面几个问题：

减少缺乏自信的手势

除了面部表情外，最能形象直观地表现说话者情绪和心理的就是我们常用的一些手势。比如当我们说“捏一把汗”时，紧张的情绪不但会出现在脸上，还会表现在手上，甚至“手部动作”比“面部动作”表现得更真实。

在与人沟通过程中，手部也会传递出各种各样的信息。如果你想在沟通中表现得很自信、很有底气，就要时刻注意自己的手部动作，别让它们不小心“出卖”了你。

十指交叉本来是一种很自信的表现，但你要注意，如果你内心紧张或缺乏自信，你的十指就会交叉紧扣，这时对方很可能就会通过你的这个小动作判断出你的心理状态。

搓手掌或双手不停地摆弄一件物品，往往是在缓解内心的压力，很多人在沟通时都会做出这两个动作，但这两个动作也会暴露你的不安、无助的情绪。如果你不想让对方看破，沟通时尽量少做这两个动作。

另外，我们前面曾提到，有的人在沟通时会用手摸脖子，这个动作传达出来的就是一种紧张、无助、不自信的状态，所以会通过这种方式来释放压力。

我们在电视中看到过，当老板和员工们一起围着桌子谈话时，老板经常会使用这样一种手势，即将一只手的指尖相对应地轻触另一只手的指尖部位，这是典型的“尖塔式”手势。这种手势代表的就是信心或一种自信的态度，表示自己对沟通的内容“很在行”“尽在掌握”。如果你想让自己看起来胸有成竹、自信满满的话，这个手势应该可以帮到你。

注意紧张时的肢体动作

人在紧张时，会下意识地做出一些习惯性的小动作，这些小动作也会给对方泄露很多有用的信息，从而让对方洞悉到你内心紧张的情绪。

大家可能都有过这样的经历：当你正准备开始比较正式、隆重的演讲，或者被领导叫起来发言时，喉咙就会忽然紧闭以致发不出声音来，这就是因为情绪紧张、焦虑而导致喉头中形成黏膜，阻塞了声音的发出。为了让声音恢复正常，我们都会先清清喉咙。

有的人在紧张时还会不停地搓手或拽自己的衣角，这种动作传达给别人的信息就是说话的人对自己说出来的话毫无把握，而且正处于一种紧张的状态之中。

有个朋友曾跟我说起过她的一次面试经历。当时，她刚走进新公司，就感觉气氛很怪异，办公室里的员工看到她之后便开始窃窃私语，眼神还不断在她身上游离，简直就像在看一个怪物。走进面试的会议室后，就在面试官准备关门的那一刻，她忽然瞥见面试官用力地揉搓了一下自己的双手，她当下便感觉不妙，于是赶紧借口上洗手间，用最快的速度冲出了这家公司。

几天后，就传出这家公司假借面试的名义，强迫前来面试的人购买产品的事情。如果应试者拒绝，就会被扣押财物和证件。朋友简直惊掉了下巴，暗自庆幸自己当时反应够快。

我的这个朋友就是因为看到了面试官的这个紧张的动作，加之感受到的这家公司怪异的气氛，才有所警觉，从而避免了一次灾难。

对于许多家长来说，应该更熟悉类似的动作。当孩子回答不出家长提出的一些问题，或者面对家长的训斥时，多半会有这些反应。如果孩子手里拿着一个东西，他就会不停地搓这个东西，或者他会开始扯拉自己的衣角。所以当你看到孩子有这些表现时，就不要再继续追问或训斥他，否则很容易对孩子的心理造成伤害。

此外，有的人在紧张时还会坐立不安，感觉怎么坐都不舒服，其实这既不是椅子的问题，也不是坐姿的问题，而是当时的环境和情况让他感到了不舒服。还有些人在跟人沟通时会不停地调整自己的表带、摆弄衣袖，或者双臂交叉在胸前，这些都是内心紧张不安的表现。

总而言之，以上这些肢体语言都会让你在外人面前暴露出你的真实情绪。当然，当你发现别人有类似的肢体语言时，你也可以基本判断出对方此刻的心理。在沟通过程中，如果你不想让别人发现你的真实想法，就要在平时有意识地避免这些肢体语言，别让它们在关键时刻成为你的情绪“叛徒”。

一眼看穿对方的微表情

在沟通时，我们都希望能洞悉对方心里到底是怎么想的，是不是真如嘴上说的一样。有人说，眼睛是不会撒谎的，你只要看着对方的眼睛就能知道对方是怎么想的，但我认为除了看眼睛以外，还要看整个面部的表情。人的脸上一共有 40 多块肌肉，其中的大部分都不是我们有意识就能控制的。也就是说，一个人的面部表情总会在有意无意间流露出很多信息，这些表情也被称为微表情。在与人沟通过程中，如果你善于观察，就可以从某些微表情中识别出对方的一些心思。

大家可以回忆一下自己的学生时代。上课时，老师在讲台上妙语连珠，而我们却在座位上心不在焉，心思早不知道飞哪儿去了。这时候，老师突然叫我们的名字，并让我们复述一下刚才他所讲的内容。结果会怎样？我们肯定是面红耳赤，哑口无言，心中暗暗纳闷儿：我刚才明明装作很认真地在听讲，老师怎么会发现我没听呢？

很简单，老师已经通过你的表情——空洞的眼神和一些微妙的动作判断出你根本就没有听课。我在讲课时，也会经常发现这样假装听课的学员。

那么，人类丰富的表情是怎么产生的呢？人的表情与大脑密切相关。前文我们也介绍了，人类的大脑中最核心的部分为脑干，也叫爬行动物脑，它负责人类的基本生存功能，比如呼吸、心跳、新陈代谢等，还有人类生下来就具有的反应能力。脑干连接着我们大脑中的杏仁核，掌控着人类的情绪，使我们在面对外界事物时不需要进行思考，就能产生最快、最原始的判断和反应。由于这种反应还没有经过大脑的深思熟虑，所以表现出来也最直接、最准确，这种反应就是我们这里说的微表情。

微表情停留的时间有长有短，人们可以去掩饰、去遮盖，却无法完全消除它。所以如果足够细心的话，很容易识别一个人内心真正的想法。那么我们应该从哪些方面去进行观察呢？

从面部表情猜测对方的情绪

如果一个人不能有效地控制自己的表情，那他就无法用一颗平常心来看待周围的人和事，由此也无法在与别人的沟通中做到游刃有余。

有一部老电影，叫《致命魔术》，其中有一对夫妻，当丈夫对妻子说“我爱你”的时候，有时说的是真话，有时却是在撒谎，而他的妻子总能通过观察他的表情来判断他说的话是真是假。其实不仅在电影中，在日常生活和工作中，在与家人、朋友、同事或老板沟通时，我们总能通过对方的面部表情来察觉其情绪和想法。

比如，当你跟人说话时，如果对方几乎不看你，这通常表示对方对你的话没兴趣，或者企图掩饰自己的某种表现。

再比如，有些人在交谈时会经常咬自己的嘴唇，这其实是一种自我怀疑和缺乏自信的表现。因为人在遇到挫折时喜欢咬住嘴唇，以此来表达内疚或者惩罚自己。如果在交谈中你发现对方有这个表情，说明他已经准备妥协退让了。

除了眼睛和嘴巴外，鼻子也会“说话”。在交谈中，如果你发现对方频繁地摸鼻子或用手捂捏鼻子，其实都是在“告诉”你，他不想继续与你交谈或对你很反感，而且你向对方提出的请求也不大可能会得到满足。

小动作中表现出来的情绪

一些不经意的小动作也能透露出人的情绪和想法。比如，当你夸奖别人说："哇，你今天的头发真漂亮！""你今天的工作完成得很棒！""你这次考得不错！"时，你就会发现对方会不自觉地挠头，这其实是一种害羞的表现。这种行为在心理学上被称为"自我接触"，也就是说，当一个人的内心感到紧张不安时，会通过接触自己身体的某一部分来缓解紧张的情绪。当你表扬一个人时，他的内心是很高兴的，但又怕表现得过于明显，于是就通过挠头这个动作让自己的内心稍稍平静下来。

再如，我们经常会在媒体上看到一些名人或明星，他们在笑时会紧闭着双唇，嘴角向后拉升，不露一颗牙齿，整个嘴唇形成一条直线。这种微笑所隐藏的含义其实是否定对方，即"我不太赞同你的意见""我的心里藏着你不知道的秘密，但我不想告诉你"，等等。

> 我因为工作关系，经常会与一些成功人士打交道。我发现，很多成功人士几乎都有一个共同的习惯，那就是在被问及一些成功的细节问题时，他们总会抿嘴微笑，然后用一两句简单的话概括过去。后来我慢慢理解了，这其实表示他们不想把成功的细节公布于众，所以会对此类问题产生抗拒心理。

事实上，观察一个人无意识的微表情和小动作，不但能知道他此时此刻的想法和情绪，还能判断出他即将产生的情感，因为肌肉的反应要比思维快得多。知道了这一点，在沟通过程中你就能在对方尚未感觉到自己的情绪变化之前先他一步给出相应的措施。比如你发现一个人要发火时，可以提前帮他控制好愤怒的情绪，这比对方发怒后你手足无措要好得多。

眼神透露出的心理活动

人们常说“眼睛是心灵的窗户”，很多时候，眼睛里面透露出来的信息，是人的心理和行为的直接反应。因此，要想与对方保持最直接的沟通，除了语言之外，最重要的就是目光的交流。

当然，在目光交流过程中，眼神会发生各种各样的变化，包括视线的移动、眨眼的频率、瞳孔的变化等等，这些变化都会暴露出当事人的情绪变化和心理活动。而眼神之所以能发挥这么重要的功能，主要与我们的大脑有关。

大家知道，大脑分为左右半球，其中左半球主要负责意识思维，右半球主要负责形象思维，并将其加以表现和应用。人在接收到外界传入大脑的各种信息后，大脑首先会对其进行分类，哪些该由意识思维负责，哪些该由形象思维负责。在没经过深思熟虑之前，这些初始信息对于大脑的刺激会使人表现出最为原始的情绪变化，人会随之表现出各种不同的表情，而眼神也会不可避免地流露出最直接的想法。

所以，沟通时通过观察对方的眼神变化，可以在很大程度上了解到对方的心理活动：是赞同还是反对，是高兴还是愤怒，是意料之外还是意料之中……根据对方眼神的变化来随时调整自己的沟通策略，沟通效果高下立判。

视线下移是在掩饰自己的胆怯和不自信

如果我们回想一下小时候被父母或老师训斥时的场景就会发现，当父母或老师用威严的眼神看向我们时，我们会不自觉地把头低下，眼睛看着地面，不敢跟父母或老师对视。这时候，父母或老师的眼神就起到了威慑作用，而我们眼睛看向地面的动作也流露出了畏惧和胆怯。

同样，在交谈和沟通中，当你发现对方的眼睛向下看，视线一直向下移动，其实传递出来的信息就是："我承认你说得对。"

另外，这个动作还是自我怀疑、不自信的表现。而且这种自我怀疑会让他们产生消极的心理和自我否定，说话做事缺乏主见、唯唯诺诺，很容易被人驾驭和支配。

有些演讲者在演讲时，既不看听众，也不看天花板，而是要么低着头一直看自己的演讲稿，要么看着地面，这表明他们对自己的演讲毫无自信。这样的演讲，要么是演讲的内容太差，演讲者对自己的演讲内容缺乏信心；要么就是演讲者比较自卑，导致他们说服或打动听众的可能性也很低。我们基本就可以做出判断：这是一场失败的演讲。

还有一种可能会导致你的沟通对象视线下移，就是你表现得太优秀或太招摇了，或是你多次提及对方的缺点和不足，使对方感觉与你沟通起来压力太大，于是就会表现出这种状态，暗示你最好换一个话题。在这种情况下，如果你能及时转换话题，聊一些双方都擅长的话题，引导对方多表达，让对方也能在你面前表现出优越感，你们之间仍然会有很好的沟通和交流。

眼球快速转动是恐惧的表现

大家都有这样的体会：当我们进入一个陌生的环境或遇到突发事件时，我们就会快速地向四周张望，看看周围是不是有危险。这是人的一种本能反应，但它却暴露了我们内心的恐惧感，表示我们此时很害怕，非常缺乏安全感。通过四处张望，观察四周的环境，可以使我们快速地确定最大安全系数，并试图采取相应的措施来保证自己的绝对安全。

了解这一心理活动后，当我们与他人沟通时，如果发现对方的眼球快速多方向转动，就表明此刻他的内心非常慌乱和不安，甚至感到恐惧，担心你会做出一些对他不利的行为或决定。要想消除对方的这种感觉，让沟通继续下去，你要做的就是以轻松的微笑和缓和的语气来安抚对方的情绪，减轻对方对你的抗拒，让对方感觉到你的友善。

瞳孔变化暗示心理活动

心理学家研究发现，瞳孔的大小会随着人所接受信息的刺激程度而改变。简单来说就是，如果对看到的东西有好感，瞳孔就会放大，比如男人看到美女、女人看到漂亮的衣服或可爱的孩子等，瞳孔都会有这种变化。相反，如果看到的事物令人不快，瞳孔就会缩小。

20个世纪90年代时，香港的一些电影公司出品了很多主题为“赌”的电影，像《赌神》《赌圣》等，里面高超的赌技，看得人热血沸腾。

当然，这些电影中的赌技和情节大多为虚构，但是现实中的确有一些人玩牌的技术很高超。这里面，除了一些手法和技巧，其实最主要的原因就在于他们善于通过观察对手看牌时的眼神变化，以此来揣摩对方手中牌的好坏。当一个人摸到好牌，必然会高兴、兴奋，这时他的瞳孔就会明显变大；相反，摸到差牌，心中不爽，瞳孔就会明显缩小。而这一切变化，很可能就会被对手捕捉到，继而决定自己是该跟进还是该扔牌。

还有一种情况会使人的瞳孔变大，那就是在感到恐惧、愤怒时。比如妈妈带着孩子在外面玩，一转眼发现孩子不见了，妈妈就会惊慌失措，四处寻找，这时妈妈的眼睛就会张得特别大，因为心里害怕孩子会丢失。

总之，在人际交往和沟通中，对方瞳孔变大通常都传达出这样一种信息："我内心的情绪正在慢慢凝结……"在这个过程中，内心情绪的激烈变化会导致血液循环加速、心跳加快，呼吸也变得急促，因此他们急需通过表达自己来释放情绪。表现在眼神中，就是瞳孔的突然增大，此时对方的抗拒和戒备心也是最强烈的。

面对这种情况时，如果你还给予对方强烈的刺激，想要硬碰硬，不用想，你们的沟通瞬间就会崩裂。相反，如果你及时刹车，采取缓和的语言或措施给予对方一定的安全感，比如面带微笑、表情友善，或迅速转移话题，给予对方相应的肯定和认可等，让对方觉得你是没有攻击性的，对方的激烈情绪找不到发泄点，自然就会平息下去。接下来再进行沟通，就会容易得多。

展现高能量的身体姿态

在与人沟通的过程中，常常有一些让我们想不明白的地方，比如，明明感觉自己已经说得很清楚了，可对方就是不懂；或者，自己明明“没那个意思”，对方偏偏认为“有那个意思”；或者已经解释了很多遍，对方仍然无动于衷……通常我把这种情况叫作“自己爽了，别人不爽”。

客观来说，语言是一种很不精确的工具，同样一句话，不同人来说，用不同的语气声调来说，都会带给别人不同的感受。有时候我们只顾着自说自话，却没有仔细观察对方听了我们的话是什么反应，一厢情愿地表达自己想说的话之后，就以为沟通完成了。这是不行的。

在沟通中，语言固然是主要的沟通工具，却不是唯一的沟通工具。除了语言之外，面部表情、身体姿态等，都会传达出一定的信息，甚至在某些情况下，这些非语言的行为可以取代语言，展现出沟通者最为真实的一面。

> 你去朋友家做客，聊着聊着天色已晚，你起身准备离开时，朋友可能会对你说："再坐一会儿吧，没关系。"这时候你会发现，他的双手早已支在双膝上或椅子扶手上。这多半意味着，他虽然嘴上在挽留你，内心其实已经在说："你早该离开了！""你终于要走了！"如果此时你不知趣地又坐下接着跟他聊，很快就会发现他会表现出心不在焉甚至不耐烦的情绪。

在沟通过程中，不论是我们自己，还是我们的沟通对象，都会呈现出各种不同的体态语言。如果你观察够仔细的话，你就能发现在一些开心、喧闹、张扬、对未来毫不担心的表象下，其实对方的内心充满了焦虑和彷徨；你也能发现一些表面和谐相爱的夫妻，其实婚姻早已触礁……能够洞悉一些体态语言所传达出来的真实含义，将有助于我们实现更加高效的沟通。

运用与生俱来的骄傲姿态

经常看体育赛事的人应该都会注意到，运动员获胜后，通常都会做出这样一个动作：双手握拳，双臂高高举起，挺胸抬头，敞开怀抱。相反，失利了的运动员则会做出双肩下垂、含胸缩背的动作，哪怕有机会去领奖，站在领奖台上也多半表现得蔫头耷脑。

这种姿势并不是后天形成的，而是一种与生俱来的认知。因为即使是残奥会中双目失明的运动员，在赢得比赛后也会出现同样的肢体语言，但他们却从未见过其他人是怎样表达骄傲和胜利的。

这两种姿态其实都是从动物身上延续到人类身上的，前一种姿态就是我们前面提到的扩张型姿态，后一种则称为收缩型姿态。这也说明，当我们状态良好时，就会自然地摆出一种扩张型的骄傲姿态，此时我们体内的某些激素水平也会增加，从而协助我们更加有力地掌控局面，保持胜利。

> 心理学家曾做过一个很有趣的统计，他们把世界杯上所有射点球的镜头都拿来观察，看运动员在当时表现出什么样的体态语言，最后发现了一个很有意思的规律，就是所有射失点球的人，一开始都不敢看守门员的眼睛，在出脚前也表现得很犹豫，身体看起来也不那么镇定；相反，那些射得特别准的运动员都是盯着对方直接走过去，然后一脚射进。这就说明，你的体态会给你带来相应的自我引导，而自我引导又将决定你最后的表现。

这其实也提醒我们，在我们要进行一些具有挑战性或比较有压力的沟通之前，应适当运用这种扩张型的姿态来激励自己，帮助自己增加能量，让自己对即将到来的沟通充满信心，而不至于还没开始就败下阵来。

正确运用体态语言的沟通力量

有研究表明，在沟通中采用扩张、开放的姿态，不仅能促使我们的心理和行为发生变化，还能改变我们的生理状态。比如，当你保持直立挺拔的站姿或坐姿，同时下巴微微抬起，与对方交流时能适时点头、微笑等，都会让你产生一种自信的力量，这种力量会影响接下来的行为。

但运用这些扩张型的体态语言时也要注意，扩展的姿态不要太大，比如摇头晃脑、跷二郎腿，或者跟人说话时用手指对方，甚至挥舞拳头，这些姿态虽然也属于扩张型的，却显得你很没礼貌，或者过于咄咄逼人，令人退缩。

假装自己已经达成沟通目标

我们都知道意志力的强大作用，却忽略了体态语言的神奇力量。在与人沟通过程中，我们的体态语言不仅影响着他人对我们的印象和看法，也影响着我们对自身的感觉。如果我们假装自己已经达成了沟通目标，然后以高能量的姿势来调整自己的状态，打造强势的心理，通常经过短暂的调整后，我们的情绪状态就会被调动起来。然后再去沟通时，你就会发现自己没有那么焦虑了。

我现在很喜欢做一些拉伸动作，比如抬头挺胸、扩胸运动等等。以前我只知道在运动过程中，人体会释放多巴胺，这种物质能让人变得快乐，但现在我越来越体会到，这些拉伸动作可以为我们带来高能量的姿态，从而让我们在沟通时能够展现出良好的状态和得当的体态语言。

这种方法与我们后面即将谈到的心理暗示比较相似，所以以后大家应该多注意自己的姿势形态，让自己时刻保持在高能量状态之中。只有在身体展现出高能量的时候，我们才能吸引更多同频的人，沟通也会变得更容易。

利用心理暗示调节自己的状态

人类的所有行为都是受意识支配的，意识又可以分为显意识和潜意识。其中，显意识是我们的大脑经过深入的理性思考后产生的想法，而潜意识刚好相反，它是不经大脑思考就产生的一种下意识的反应。但潜意识的力量要比显意识强大得多，这一点我们在前面阐述过，而且潜意识的力量中，还有一部分属于心理暗示的力量。

著名心理学家巴甫洛夫曾构建了条件发生理论，他认为，暗示是一种人类最简单、最典型的条件反射。从心理机制上来说，它是一种被主观意愿肯定的假设，不一定有科学根据，但由于人们在主观上肯定了它的存在，所以心理上就会竭力趋向于这项内容。

我曾讲过《向前一步》这本书，作者谢丽尔·桑德伯格在书中提到一个概念，叫“冒充者综合征”。什么意思呢？就是你虽然是个博士，但如果你经常在内心中觉得“我这个博士头衔是骗人的”；或者你本来是个创业者，可你总觉得“我根本不是个好的商人，我在浪费大家的钱”……这样一来，你的内心就会产生一种“冒充者”的感觉。哪怕你本来做了很多有意义的事，也仍然会在内心中不断质疑自己，觉得自己不像那么回事儿，说话做事也缺乏自信和底气。

这就是心理暗示的作用，这种感觉就像那句很火的话说的那样：“我听过了那么多的道理，但依然过不好这一生。”

但是，心理暗示不光有消极的一面，它也有积极的一面。

阅读《高能量姿势》这本书之后，我发现这本书解决了一个长期以来困扰我的问题，即人到底有没有状态这回事。比如，我就是个特别需要状态的人，因为我经常要去参加各种演讲，如果我的状态很好，整场演讲下来不但不感觉累，还能临场发挥出各种天马行空的段子来；但如果我的状态比较差，虽然外人可能看不出来，我自己却有很明显的感觉，就是觉得越讲嗓子越紧，有时原本能发挥的地方也忘记了发挥或发挥得不好。所以我时常在想，这会不会就是受到了心理暗示的影响？

后来通过阅读和思考，我越来越确定，这就是心理暗示的作用。当你感觉自己状态很棒的时候，往往会表现出很多积极的行为；反之，你的行为就会受到消极情绪的影响。在任何一种沟通和交流中，心理暗示都会对你产生影响，不论你是不是具有出色的口才或圆滑的交际能力，它对你的影响可能都是你想象不到的。

> 在《思考，快与慢》一书中，作者丹尼尔·卡曼尼提到了一个有趣的案例，说在一所办公室中，职员们一直自掏腰包买茶或咖啡，然后把每杯茶或咖啡的建议价格写下来贴在墙上，谁去接茶或咖啡时，就把相应的费用投入下面放置的一个“诚实盒”里。
>
> 有一天，有人在价格表上方贴了张横条，然后在接下来的10周中，每周横条上都贴一张新图片，要么是一双正盯着人看的眼睛，要么是一些鲜花的图片。结果10周后，“诚实盒”里的钱数有了明显变化。贴眼睛图片的那几周，盒子里的钱明显要多于贴鲜花的那几周。
>
> 为什么会这样？丹尼尔·卡曼尼认为，这其实就是一种微妙的暗示在无声的沟通中发挥作用。人们去接茶或咖啡时，看到图片上的眼睛，就像自己的行为正被人监视一样，即便他不想多投钱，也会在这种“监视”下自觉改善自己的行为。

这一系列感觉和行为背后，不就是心理暗示在起作用吗？

既然心理暗示有这么明显的效果，那我们是不是可以把它运用到沟通中呢？或者说，在人际沟通中如果通过巧妙运用一些心理暗示，是不是就可以提升自己的能量姿态，让自己收获最佳的沟通效果呢？答案当然是肯定的。

引导对方点头

如果你在发表某种观点，并且想说服对方，就可以在阐述观点的同时多创造一些让自己和对方点头的机会，这样就会给对方造成一种心理暗示，让对方认为你的观点都是有用的、正确的。

用缓慢的语速说话

我们应该都有这样的感受：当我们急于表达自己的观点时，语速就会加快，因为此时我们心里很紧张，生怕对方不相信自己、不接受自己的观点。但我们的这种表现在对方看来恰恰就像我们担心的那样，认为我们是在急于证明自己，而越是这样就越给人一种不可信感。

相反，如果你能放缓自己的语速，清晰、有条不紊地说话，就会给对方另一种暗示：你正在信心满满地阐述自己的观点。而且更重要的是，你自己也能感觉这样说话很有自信。

用表情和肢体动作改变情绪

每个人在人际沟通过程中都不可能一帆风顺，总会有沟通不畅的时候，这时我们的情绪就会受到影响，比如变得焦虑、烦躁，从而影响沟通的效果。而且当你情绪不佳时，还会通过一些微表情和肢体语言表现出来，被对方抓住“小尾巴”，于你更加不利。

所以，一旦出现沟通不畅，我们要及时调整自己的状态，用积极的心理暗示来取代消极的心理暗示。比如，让自己嘴角上扬，来一个大大的微笑；或者舒展身体的姿势，让自己的身体占用更多的空间，在空间上呈现出扩展的状态。这些都有助于增加自己的信心，让自己的内心能量满满，同时还会给对方一种暗示：“我是自信的”“我是能够掌控局面的”“我是可以让沟通继续下去的”。

事实上，我们远比自己想象中强大得多，只要善于运用高能量的表情、动作、语言来暗示自己，让自己的心理和情绪都处于巅峰状态，那么每个人都是一座金矿，都可以在人际交流和沟通当中获得事半功倍的效果。

第九章

让文字发挥力量

相较于面对面的语言沟通，文字沟通会给沟通双方更多的思考时间，同时在传递语气和情绪方面也更考验智慧。

让文字沟通更专业和精准

文字在我们的生活和工作中起着举足轻重的作用。从古至今，人类彼此之间传达的信息大部分是由文字构成的，即使我们用嘴说出来的语句，也都是由一个个文字组成的。

如今，各种高科技产品的出现，让文字表达的影响力日渐减弱，手机、电脑等各种先进的通信设备取代了以前的写信、传纸条等沟通方式。但是，这并不是说文字沟通就不重要了。在一些特殊的情况下，文字沟通仍然起着不可替代的作用，比如在各种报告、提议、和约、指示、规章、计划和各种讨论文件中，文字的表现力和沟通力比语言沟通更加专业和精确。

有位领导口头给下属下达指令，让下属尽快详细地整理会议记录。这个指令乍一听好像没问题，但认真想一下就会发现，它没有明确必要的信息提示，是哪天的会议记录？是一次的还是所有的？“尽快”是多久？整理之后交给谁？这些都没有说明。

信息传达不完整，就会导致很多不确定的因素出现，这样信息接收者就只能通过再次询问获得准确的信息，结果增加了沟通的时间成本。沟通反反复复进行，效率自然就低。

同时，在运用口头语言传递信息时，还可能导致信息在传递过程中出现异变的情况，即一方说出的信息是 A，到接收者那里就变成了 B。之所以出现这种情况，一是因为发布信息的人语言表达能力较差，没有清晰、准确地传达信息，导致信息出现异议；二是信息接收者的理解能力较差，对信息的理解产生了偏差；或者信息在传递过程中经过了中间传达人员，这个传达人员误解了信息发出者的意思。

以上情况都属于低效沟通或无效沟通，在我们的生活和工作中十分常见。一般而言，这些失败的沟通都是由主观原因导致的，例如：

- 有的人在下达任务或汇报工作时抓不住重点，说了一大堆也没说到关键问题上，这样的沟通就难以获得积极的效果。
- 有的人沟通时自命不凡，对其他人的观点嗤之以鼻，也不尊重别人的表达，这也难以获得其他人的认同。
- 有的人说话缺乏逻辑性，语言表达能力欠佳，在沟通时也难以完整地把信息传达出去。

以上这几种常见的语言沟通方式都会导致沟通无效，但如果采取书面文字的方式沟通，就会在一定程度上避免这些问题。尤其当涉及一些比较专业的沟通时，文字沟通往往要比语言沟通更高效。

配合电话或会议

当你就一些比较重要或专业的事情与别人沟通时，即使可以打电话或开会，也最好在打电话、开会之前或之后以书面的形式把信息传达给对方，如其中的关键事项、图表、价目表、规格等。这样一来，双方在打电话沟通或开会时就能清晰、详细地进行交流，而不必再讨论其中的细节或某些数据。

如果是打电话沟通，在打完电话后最好再发个传真或电子邮件给对方，让对方对你们的沟通内容印象更深刻。

商务类书信的沟通

商务类书信也是文字沟通的一种，可达到有效的沟通目的。因为在沟通之前，写信人需要认真地考虑沟通的对象、原因、内容、时间、地点等内容，而要写好这封信，还必须找出各种背景材料，并认真做好笔记，这样在写信时就不会遗漏重要内容。

在运用商务类书信进行沟通时，你就像是一个公司的大使，既要准确地表达出公司的态度，又要尽量向对方表达出友善。比如，公司收到了顾客的投诉信，按理公司无须赔偿，这时你就要采用“拒绝赔偿信”的模式来书写，用恰当、准确而又不失客气的文字表达出公司的决定。

求职时要运用文字沟通

我相信，你一生中写过的最重要的信可能就是求职信了。求职信写得好，不但能给求职单位留下深刻的印象，还能让面试人员从中直接看到你的优点、强项、工作经历等。但如果你直接用口头语言告知对方，可能就会因为内容较多或你的表达不完整等，导致对方记不全或记混，让你白白失去一些好的工作机会。

总而言之，在一些特定的沟通环境中，文字沟通比语言沟通更能恰如其分地表达出沟通双方的意见和意愿，并且使传达的信息、下达的指令、解释的事情等更加清晰、明确，不致引起误解。

发挥文字沟通的优势

沟通不但考验我们的语言表达能力，还考验我们的头脑反应能力、肢体动作、眼神交流、说话的语气语调及情绪反应等，这也使面对面的语言沟通变得难度很高。

> 我的一位朋友曾对我说："我最怕各种面对面的沟通，生怕自己语言表达能力不行。每次沟通完了，我都会复盘自己刚才的表现，发现简直是弱爆了！我明明能说得更好，但真正交流起来就无法控制。"

有人可能会说，现在都是高科技、无障碍沟通的时代了，干吗非要面对面沟通呢，用语音电话不就行了吗？

语音电话这种沟通方式确实比面对面沟通要容易许多，因为不需要在意自己的肢体动作、眼神交流等，哪怕你穿着睡衣躺在床上也能跟对方进行工作方面的语音沟通。但语音沟通对人的大脑反应速度、语气语调、情绪等同样有要求，毕竟我们能从对方的声音中感知到对方的情绪和态度。

难度系数最小的沟通方式就是文字沟通，双方谁也看不到对方的肢体动作、眼神、表情、情绪变化，也听不到对方的语气、语速等，更不需要发挥“表演专长”，能够轻松很多。下面这些文字沟通方面的优势，我想大家一定都很有感触。

给彼此留出思考反应的时间

现在很多人都习惯用微信沟通，但不管什么时候，微信的视频或语音沟通都会让人有种紧迫感，相比之下，文字沟通就会好得多。

两个朋友正在用微信视频聊天：

A：哥们儿，我最近在老家看上一套房子，首付还差点，想跟你借 3 万块钱周转一下，咋样？不会拒绝我吧？

B：（脑子飞速旋转，其实卡里有钱，但借给对方的话，万一自己急用对方还不上或不能按时还怎么办？不行，不能借。但又不好直接拒绝，于是只好拿出最真实的演技，用最诚恳、“最无奈”的语气来拒绝。）哎呀，真不是不借给你啊兄弟，我这也刚买了房，还贷压力大啊，口袋都被掏空了，对不住啊……

如果用语音沟通的话：

A：哥们儿，我最近在老家看上一套房子，首付还差点，能跟你借 3 万块钱周转一下不？两三个月后就能还你。

B：（脑子也在飞速旋转，因为是语音沟通，最慢也要在两三秒内回答。）不是不借给你呀兄弟，我最近也刚买了房，还贷压力大啊，口袋都被掏空了。要不，你再问问别人？

如果用文字沟通：

A：哥们儿，我最近在老家看上一套房子，首付还差点，能跟你借 3 万块钱周转一下不？两三个月后就能还你。

B：（自己暗暗思考了 3 分钟，然后回绝。）不是不借给你呀兄弟，我最近也刚买了房，还贷压力大啊，口袋都被掏空了。要不，你再问问别人？

与面对面沟通和语音沟通相比，文字沟通缺少了面部表情、肢体语言和语调语气等信息的支持，表达情绪和感受的力度就会弱化很多。但正因为这种缺失，使文字沟通隐藏了很多真实的信息，并且给予沟通双方以足够的时间来思考和反应，不但要斟酌如何回复才不会伤及对方的自尊心，还要推敲回复内容的逻辑是否恰当，每个字、每个标点是否能准确地表达自己的情绪和想法。

更重要的是，文字沟通还避免了面对面沟通和语音沟通中的一些尴尬，比如拒绝别人、被别人拒绝等，都是很令双方尴尬的。但用文字语言表达时，彼此的心理压力就会小得多，而且能达到目的。因此在很多时候，文字沟通也是三种沟通方式中最有效、最合适的一种。

增加沟通的可信度

前文我们说过，在职场沟通中，一些通知、指示、工作安排等都会用文字的方式来传达，目的就是为了增加沟通的准确度和可信度。尤其在可信度方面，文字语言表达的优势要远远高于口头语言。

> 当有朋友跟你说："等我以后发达了，我就把财产分你一半。"这当然是一句玩笑话，说者无心，听者也无意，为什么？
>
> 因为缺乏有效的证据。就算这个朋友日后真的发达了，有了千亿身家，你也不可能以这句话为依据去跟对方讨要，对方承认不承认说过都没关系，就算承认说过，没有文字证明，你就算打官司也赢不了。

所以，当你要某人给你保证什么时，通常都会说："那你给我立个字据吧！"这个"字据"是什么？就是用文字方式来表达彼此之间的一种契约，它是具有法律效力的，因而也更加有可信度。

让文字沟通更高效的四个方法

在日常生活和工作中，我们常常发现自己的沟通存在很大问题，有时我们很想跟对方交流，对方也表达出良好的沟通态度和意愿，结果我们却发现自己说话磕磕绊绊，难以顺畅地表达自己的想法和观点，双方的沟通也会陷入困境。

在这种情况下，如果可能的话，我们可以用文字语言来代替口头语言进行沟通，将自己的想法和观点清晰、准确地写出来发给对方，让对方领会你的想法。

那么，我们怎样才能进行有效的文字沟通呢？

沟通目的要明确

与语言沟通一样，利用文字进行沟通时也要目的明确。在用文字向对方传达自己的想法和观点时，你首先要弄清楚为什么要这样写，你希望对方看后有哪些反应，你最终想要实现的目标是什么……提前弄清这些问题再动笔，就不会出现目标模糊、不知所云的情况。

信息传递要完整、准确

在利用文字进行沟通时，一定要确保你所传递的信息是清晰、完整的，如果观点模糊、表达模棱两可，甚至连自己都不确定，很可能就会导致接收方无法获得全面、有效的信息，从而做出错误的判断或陷入困惑之中。

比如下面这些表达方式：

- “我们明天去逛街吧，但我钱不多了，我的文案还没设计完呢！”
- “我看到你们在群里的争执了，你的想法有道理，××的想法也不错。”
- “明天出去旅游，今天晚上准备一下。”

……

如果对方收到的是这样的信息，你觉得对方能知道你真正要表达的是什么吗？我想不能。

所以，依靠文字传递信息，一定要让你传递出去的观点清晰、准确、完整，不要带有容易引起歧义的话，以免整个沟通出现紊乱。

行文简洁，重点突出

简洁是效率的直观体现。通常来说，简洁的语言往往更容易说清自己的观点，并容易被人理解。正因为如此，在沟通时应尽可能保证语言的简洁，不要啰唆，也不要说得太复杂，要以最少的内容把自己想说的事情表述清楚。

同时，简洁的表达中还要突出重点，让对方一看到这些文字表达就知道你要干什么、你沟通的目的是什么，如果内容表述混乱、废话连篇，只会惹人厌烦。

下面这两封信，文字的表达水平一眼即可看出高下：

尊敬的 ×× 先生 / 女士：

我已经间接获悉贵公司正在寻找一家公司为其所有部门安装计算机。作为一个完全能令人放心的公司，我确信我公司定能被指派。曾经为贵公司服务过的人，曾多次强调我们能够胜任此项业务。我也是个非常热情、诚实的人，对于与您相会的可能性，除非另行通知，我在周一、周三和周四下午不能去拜访您，这是因为……

这是一家公司的负责人想要争取某大型公司的计算机订单而给对

方公司领导写的一封信，但这封信不但内容表达混乱，还废话连篇，语言毫无逻辑性，很多话都非常突兀，让人读起来不知所云。

再看下面这封信：

××先生：

您好！这是来自××公司的一封信，继我们上周的电话沟通后，我很高兴能够再邮寄给您一本我公司的最新产品宣传册。

您曾表示过贵公司对安装新型计算机软件颇有兴趣，我相信我们的产品和服务都符合您的要求，会让您满意。

期待您的回音，并期望能够与您建立愉快的合作。

对比后发现，第二封信的内容既简洁又清晰，更重要的是重点突出，说明了写信的原因和希望达到的目的，读起来也很让人舒服。

语言表达恰当、合理

有些时候，我们还需要用文书来回复他人的信件、请示等，以达到彼此沟通的目的。在这种情况下，我们就要注意文字的表达一定要恰到好处。

比如，当你给予对方肯定的回复时，如同意某种请示、愿意为对方提供一个机会或一些好的消息时，就可直截了当地给对方传递出这个好消息，让对方高兴，然后再解释一下这个消息，消除对方可能产生的疑问。最后再用恰当的祝愿结束文书，使对方感觉你正在分享他的快乐。

当你要向对方传达否定的信息时，如拒绝对方的某种要求或传达一个坏消息给对方，可以以自然渐进的方式来表述，为对方接受坏消息做铺垫，如在给出坏消息前先给出一些背景信息进行暗示，让对方有思想准备，然后再清楚、准确地给出坏消息，不要让对方产生误解。最后可以用良好的祝愿结束文书，但不要为坏消息进行任何辩解。

当你要向对方传达某种指示信息时，如指示对方进行某项工作、开展某些活动或提供某些信息等，开头一定要生动，让对方产生兴趣，然后再清晰地表述出事实、要求或建议，并清楚地指示对方该如何去做，最后别忘了要鼓励对方克服困难，尽快完成任务。

总之，高效、专业的沟通注重的是一种沟通上的平衡，即表达者所表达的内容一定能迎合接收者的需求，而接收者也能适当地理解和接受表达者的立场。要想通过文字语言进行表达，就一定要把握这个规律，同时注意沟通细节，这样你的沟通就一定能达到期望的效果。

第十章

善用沟通力，提升决策力和影响力

在需要做出决策和提升影响力时，高效的沟通力至关重要。出色的沟通力不仅能缓解你的紧张情绪，还能让你的发言更加吸引人，获得听众的共鸣。

如何在会议上高效沟通

开会，对于每个人来说应该都不陌生，这是我们工作和生活中比较常见的一件事，比如小型的家庭会议、公司例会、项目研讨会、客户见面会等等。同时，开会也是一种常见的沟通方式。但是，尽管我们经常参加会议，这些会议中能够称得上是高效会议的却相当有限。我相信很多人都有这种感觉，很多会议雷声大雨点小，浪费了大家不少时间和精力，却毫无结果。

会议原本是工作当中必不可少的一种沟通手段和工作展现方式，为什么却变成不参加不行、参加又浪费时间的“鸡肋”了呢？我想这其中的原因有很多，比如：会议缺乏准备，目标不明确；会议流程不清晰，开着开着跑题了；本来跟你的工作没太大关系，组织者为了凑人数硬让你来参加；流于形式，没有实质内容；等等。虽然这些会议都属“鸡肋”，但也都需要参与会议的人员投入一定的时间和精力，因此令他们感到非常疲惫甚至厌烦。

那么，一个可以实现高效沟通的会议标准是什么样的呢？我认为应该具备以下五点：

会前准备充分

任何一次会议，不论主题是什么，事先都要进行充分的准备，会议的目的、会议的议程等，都要进行认真的筹划和准备，否则会议的效率就很难提高。

在召开会议之前，还要留给会议的各个参与方足够的准备时间，并在正式召开会议前积极认真地征求各个参与方的意见与建议，鼓励参加会议的人员进行沟通交流，促使他们在某些方面达成一致，从而尽量缩短会议时长，提高会议的沟通质量和效率。

与会人员角色明确

在会议召开之前，应该明确会议当中的哪些人分别承担什么角色。比如根据会议的内容，确定由谁来负责召集此次会议，谁负责主持会议，谁负责会议记录，谁负责整理会议纪要，等等，这些都要梳理清楚。

对于与会人员的选择也应遵循少而精的原则，与会议主题有关联的人员可以参加，但不要为了显示对某些人的尊重或盲目追求会议规模，让大量无关人员参加，从而浪费大家的时间。参加会议的人员中有谁需要发言、哪些需要旁听等，也要事先明确。正所谓，“一个萝卜一个坑”，每个参与会议的人员都不是多余的，会议的效率才有可能提高。

学会换位思考

这一点我觉得非常重要，大家有必要重视起来。

我曾做过一个实验，就是举了个案例：我先让公司的生产部门生产一个产品，然后告知销售部门按时给客户交货。结果，这两个部门之间产生了矛盾：销售部门与客户谈妥后签订了合同，明确规定了交货时间，但当把合同拿给生产部门看时，生产部门却说根本不可能按时交货，因为生产不出来，理由是采购部门没有采购到足够的原材料。然而采购部门给出的理由是：没钱，因为销售部门没回款，没钱拿什么去买材料？就这样，三个部门一起扯皮，我要给他们开会处理这些问题，这个会议该怎么开？

我是这样做的：首先，第一轮会议很简单，就是让每个部门把自己面临的困难都详细地写出来，然后让部门主管看看自己部门所面临的困难，最后再在下面写上所在部门必须遵守的三个底线是什么。

比如，生产部门的困难是没有材料，没法生产；底线是加班时间不能超过12个小时以及不能再额外增加工人等。销售部门也给出了自己的底线，比如必须按时交货，不能超过××时间。采购部门提出的底线是必须先回款再采购，等等。每个人都想守住自己的底线。

列完这些之后，会议正式开始。对于那次会议，我至今都历历在目。在会上我基本什么都没讲，就看着他们三方在吵架，一直吵了将近两个小时，最终问题也没能圆满解决。

最后轮到我总结时，我问他们："你们觉得争吵能解决问题吗?"他们说，他们平时就是这样开会的，各个部门都在为自己据理力争，但最终也讨论不出一个让每个部门都能接受的方案。

我说，既然如此，咱们就换一种方式。

第二次会议时，我做了一个小小的调整，就是在他们的材料下面留出几处空白的地方，让他们写一下自己部门还有哪些可以妥协的地方，比如：你的部门还有哪些空间可以去尝试？你手中的权限还有哪些没有得到开发？如果实现双赢的话，我们有哪些可能性？如果要延迟交货，还有哪些可能性？等等。

这样做的目的，是为了让所有参与会议的人在开会前都能导入性地思考问题。这是很容易做到的，因为人特别容易受到导入性问题的影响。我没跟任何一个人说："你要换位思考一下，你要努力替对方想一下。"因为直接这样说他们是不能接受的，甚至会反问你："凭什么？""为什么要我换位思考，他怎么不换位思考一下？"所以，我没有做这样的要求，只给他们列了几个问题，让他们自己去写。

当大家经过思考写下自己的想法后，会议重新开始，结果这次半个小时就搞定了。因为这次每个部门的人都主动站出来为大家提供方法，如生产部门说："我们也可以稍微多加一会儿班，尽量赶制。"销售部门说："我们可以尝试去跟客户再沟通一下，看看能不能分批交货。"采购部门说："我们也去跟原料商谈一下，看能不能分期付款。"

由此可见，当大家都能够换位思考，愿意替对方解决问题时，沟通的效率就会变得非常高。但如果一开始我就让大家这样做，每个人都不会答应，担心自己让步了，别人就会得寸进尺。而当每个人都学会换位思考后，问题反而变得简单了。因此我建议大家以后在开会之前，不妨也让与会者各自说一下自己的工作还能有哪些弹性和空间，或者还有一些什么样的可能性，以及各自还有些什么样的手段，等等，这些对于提高会议上的沟通效率都非常有效。

在《增长黑客》这本书中，就有一个非常有趣的设计。公司高层设计了一个增长小组，这个增长小组很特殊，它不是完全由某一个部门的人组成，而是由几个跨部门的专业人员共同而成。

其中有技术部的、有产品部的、有市场部的、有客服部的、有数据分析部的，几个人组合在一起，成为一个增长小组，目的是实现高效的沟通，专注目标增长。当这个增长小组要完成一项任务时，他们彼此之间配合起来也特别容易。为什么会这样？

原因就在于，小组中的每个成员都非常清楚自己部门的做事方法，所以一旦某个环节出现问题时，负责该环节的成员就会立刻拿出本部门解决相应问题的最佳方案，非常高效。

反之，如果不是在这个小组当中，当公司的某项业务出现问题，需要几个部门进行协调时，很可能就会出现各部门相互推诿的现象。因为大家都站在自己的角度来考虑，不会换位思考，那么沟通自然就不会顺畅，即使开会讨论效率也不会高。

因此，换位思考这个标准，是实现会议高效沟通的一个非常重要的底层要求，如能在实际工作和生活中灵活运用它，定能受益无穷。

会议要充满创意

一般来说，我们开会的目的是希望集思广益，和与会人员一起碰撞出更多的想法，或者就某个问题做出决策。但如果你想在会议中获得更多想法和创意，就要用到“头脑风暴法”这个工具。关于这种方法的具体运用，下一节我们会有详细介绍。

流程科学有序

在会议中运用头脑风暴法时一般不做决策，大家只需畅所欲言地提供想法，但如果是需要做决策的会议，很可能会出现扯皮、流程混乱的情况。大家在会上发言毫无程序，每个人都站在自己的立场上，而且人越多，争论越多，结果争到最后也得不出什么有用的结论。这显然不是什么好现象。

怎样才能让会议不沦为争吵大会呢？英国思维大师、专门研究大脑思维问题的爱德华·德博诺教授提出了一个方法，叫“平行思维法”，运用这种方法来引导会议流程，就能让会议变得科学有序，并且最终引导达成会议决策。

利用头脑风暴法激发创意

在《斯坦福大学最受欢迎的创意课》这本书里，作者提出了一种方法——“头脑风暴法”，这是一种很适合在会议中运用的方法。

“头脑风暴法”有个很重要的原则，即每个人都要事先对即将探讨或解决的问题进行思考。具体来说，就是在没召开会议之前，你的脑海中要先形成一套解决方案，即使不全面也没关系。这时候你的想法和方案是不受别人影响的，然后将这些想法或方案落实到纸上。等会议正式召开时，每个人拿着自己这份提前准备的方案轮流发言，把自己的想法说出来。而且在发言过程中有一个非常重要的原则，就是不讨论、不批评、不指责。

“头脑风暴法”的优势在于，它可以激发参会人员的创意思维能力，让所有与会者都能自由表达，然后大家从中发现精彩的论点和优秀的创意。在这个过程中，与会者还可以在听取他人发言的基础上，结合自己的想法得出新的创意，并且将这些创意在会议中分享。通过彼此间的这些沟通与互动，与会者之间的思维碰撞就可能产生更多的灵感，为解决问题提供更多的创意想法，促进会议决议的产生。

但是，很多公司在开头脑风暴会议时都感觉很难，因为大家都没什么有创意的想法，坐在一起就为了等领导说话、出主意。还有一个原因就是大家觉得自己说了也不算，最后还是领导说了算，还不如不说。这样的头脑风暴会流于形式，难以产生和获得更多、更有效和更新颖的创意，也解决不了实际问题。

我在给 EMBA 班上的学生上课时，曾设计了一个头脑风暴法的案例。当时牛肉拉面馆在市面上很火，也很赚钱，于是大家就提议说我们开个牛肉拉面馆，然后一起来讨论如何为这个面馆促销。在这个会议上，每个人都提了很多提议，列了一大堆的促销方法，大家都觉得很兴奋，没想到开个面馆原来也可以有这么多想法。但我一直在提醒大家，这些只是想法和观点，我们可以在会上评估这些想法和观点，让方案更加优化，但这种会议不是决策会，大家一定要弄清头脑风暴会议的核心。

我相信很多人都曾遇到开会时气氛沉闷、效率低下、毫无创意等情况，究其根源，就是因为会议的组织者没有注意或充分激发出团队中各成员的创意思维，也没有充分鼓励大家积极表达自己的想法。而要解决这个问题，头脑风暴法就是一种比较有效的方式。要知道，人类思维本来就有局限，很难人为地克服，而头脑风暴法恰好对其进行了弥补。

不论是在开会时，还是在其他时候，一旦找到了解决方案，我们的相关思维就会停止。比如，对于一个问题，有人提出了一个解决方案，大家听了觉得可行，多半就会直接敲定，很少再去进行详细的分析。然后就会动手去实施，这样做等于放弃了继续寻找更有效的解决方式的努力。简而言之，找到一种解决问题的方式，便扼杀了创造更好结果的其他可能性，这无疑是创意收集中非常令人遗憾的事情。

头脑风暴法恰恰改变了人们的这种惰性，它要求与会者每个人都尽可能地提供各种方法，哪怕是一些奇异的、疯狂的观点也可以，因为通过这种方式可以激发出更多的新观点、新创意。

在会议中应用头脑风暴法要遵循下面两个原则：

对提出的意见不讨论、不评价

这是头脑风暴法的一个重要原则。任何一种观点或意见的提出，都是为了找到最佳的解决方法，所以对于每个人提出的观点或意见，都一定要在会议结束后再进行评价，会议过程中只需记录即可，这也会使我们在头脑会议中花费的脑力最小化。

某次会议的主题是讨论怎样增强客户服务的满意度。团队中有人提出了一个意见，另一个人立刻提出反对，然后这两人就开始对此展开了讨论。这样做，无疑会让整个会议的方向发生偏差。

更严重的是，其他与会者心里会犯嘀咕：看来在这种场合提出自己的意见是要冒着被批评、被指责的风险的，那不如不提，让别人去提好了。如果反驳的人是管理者，其他人就更不敢再提不同意见了。如此一来，会议就无法收集到足够的意见和信息，会议效率也会大大降低。

在看待一个问题时，每个人的大脑中都可能会有一些有效的观点和独特的视角。如果每个人的意见都能在一种平和的气氛中表达出来，并得到团队其他成员的尊重和赞许，那么其他与会者也会乐于参与其中，贡献自己的智慧和创意。

几年前，我曾应邀到某工商银行，为他们主持一次“头脑风暴”，目的是提升门店的客户满意度。会议刚开始时，大家都有点放不开，会议时间过半，也没有几个人发言。这时候，一位工作人员说了一句：“让不满意的客户别来就行了。”

这个主意有问题吗？表面看似乎没有，但显然这种做法是不合理的。这时候，行长有些坐不住了，狠狠瞪了发言者一眼。我见状急忙打圆场说：“这也是一种办法，我把它记下来。”

其他与会者看见这样的主意我都没反对，还记录下来，便放开了许多，开始陆陆续续说出自己的想法，而我从中也的确收集了很多令人惊喜的点子。整场会议让全体成员都获得了很强的参与感，至于意见最后是否能被采纳，已经不那么重要了。

最终，通过这次会议，这家银行整理归纳出很多条有实际意义的建议，经过论证，这些建议都被写进了客户满意度指导书之中。

在会议中运用头脑风暴法时，每个人都应该以一颗宽容的心容纳其他人提出的一切天马行空的想法，尊重所有成员的意见。只有释放出这种信号，才可以激发更多的人踊跃发言，从而从中捡选出切实可行的方法和建议。

对各种观点都不要急于否认

在一般的会议中，当有人提出一个方法后，可能立刻就有人提出反对意见："这个方法我之前试过，不行！""这个你没有考虑 ×× 原因，收效甚微。"

这种情况在很多会议中都会出现，而这也是导致会议争论太多却很难收获有价值建议的重要原因。对于这种情况，我认为即使你真的尝试过这种方法而没成功，也不要当场否定，因为这会破坏会议的气氛，并打击其他人提出新观点的积极性。

头脑风暴法最核心的部分，就是让与会的每个人都能从中获得参与感，以便奉献出更多更好的想法，任何阻碍参与感的行为都是不值得提倡的。

为了能在会上激发出更多的创意，提高会议效率，我们有必要对会议中运用头脑风暴法的流程梳理一下。

第一，明确本次会议讨论的具体问题，并且问题越具体、越详细越好。

第二，每个人都不要急于发言，而是先针对这个具体问题认真构思一下，把自己的想法整理下来。这个记录的过程就给了与会者独立思考的时间，有益于形成真正独特的思考。

第三，各自阐述，不对其他人的观点提出意见。在别人阐述观点时，我们也可以结合自己的想法继续完善方案，这样才能呈现出更多、更有效的解决方案。

这才算是一个成功的头脑风暴过程。但需要注意的是，如果开会人数超过 15 个，就不适合运用头脑风暴法了，因为可能会出现意见太庞杂的现象，不利于最后的整理和评估。另外，最好请一个局外人参与进来，这样通常能给团队带来更加新鲜的视角和方案。

六顶思考帽，让会议流程更科学

这一节我们来详细阐述一下德博诺教授提出的“平行思维法”的原理和应用。

什么是平行思维法？大家应该都有这样的感觉，那就是在一个会议上，总会有不同思维的人出现。有的人特别乐观，听到什么意见都说：“好啊，这个提议特别棒！”“非常好，很有想法！”这些人对公司的价值就是可以推动事件的前进，并会对一些新颖的想法产生兴趣，愿意去尝试。还有一种人刚好相反，听到别人的意见后，总是立刻予以反对：“不行不行，这样做风险太大。”“万一搞砸了怎么办？还是要慎重考虑。”这些人大多很谨慎，他们对公司的一切决策都持谨慎态度。

这两种人在职场中都很常见，但当他们出现在同一个会议上的时候，麻烦就来了。这边提一个建议，那边会立刻反对；那边提一个方案，这边又给迅速否定了，结果导致会议很难正常进行，其他人无法展开有效讨论，会议效率大打折扣。

怎样解决这种问题呢？我这里给大家推荐的就是“平行思维法”中提到的一个工具，叫作“六顶思考帽”。假设我们头上戴着六顶帽子，分别为红帽子、蓝帽子、黑帽子、黄帽子、白帽子和绿帽子，这六种不同颜色的帽子分别代表我们身边常见的六种思维方式。当我们把这六种思维方式筛选一遍后就会发现，我们的思维已经变得更加丰富、更加全面了。

“蓝帽子”思维

“蓝帽子”指代的是指挥官，担任着会议中指挥者或主持人的角色。在大家开始展开讨论时，由“蓝帽子”来给大家讲清楚会议的纪律和规则，比如这次会议要讨论的内容是什么、要达到什么目的、会议的流程，等等。在讨论过程中，也由他来控场，以确保讨论有序地进行，以此来保证与会人员不出现情绪化，讨论不要跑题。在会议即将结束时，“蓝帽子”还要对会议做出总结。

同时，“蓝帽子”也是决定参加会议的人员该佩戴什么颜色的帽子的人。如果他说“我们一起戴红帽子”，那么大家就跟他一起以“红帽子”思维来思考问题；如果他说“我们一起戴蓝帽子”，那么大家就和他一起用“蓝帽子”思维思考问题。戴不同颜色的帽子，意味着会议讨论的主题或思维方向不同，这也是由“蓝帽子”来安排的。

“白帽子”思维

“白帽子”代表的是理性和数据。就是说，当“蓝帽子”要求大家这次会议都戴“白帽子”时，就是要求参会的每个人都只说与这件事有关的事实和数据。

> 比如，我们要开会讨论开一家煲仔饭饭馆，那么在会上大家要讨论的应该是：店要开在哪里？需要多大面积？房租要多少钱？每天的人流有多少？客单价要做多高？翻台率有多少？如果在比较繁华的地段开，服务人员的形象和水平都要提升，那么服务人员的工资定多少合适？等等。

当与会者都戴上“白帽子”时，大家就需要冷静地分析实际情况，罗列各种数据。这时候大家的关注点只有一个，就是事实和数据，因此通常不会出现谁对谁错、谁合理谁不合理这样的争论。

“黄帽子”思维

黄色给大家的印象是什么？是阳光、乐观，所以“黄帽子”思维代表的就是乐观的、有希望的、有建设性的观点。

在会议上，如果“蓝帽子”要求大家都戴“黄帽子”，那么就表示会上要讨论事情有优势、有价值、有好处的一面，大家要提供一些积极、乐观的信息，凡事都要往好处想。例如要实施某个方案，讨论的重点就应该放在它会给我们带来什么好处、能让企业获得哪些提升、能让我们获得多少投资、能让员工获得哪些实际利益等方面。

另外，这时候有一件事需要注意，就是在戴“黄帽子”的过程中，一定要让戴“黑帽子”的人发言。

“黑帽子”思维

黑色代表黑暗、困境、缺陷、风险、退缩等负面现象，所以“黑帽子”便代表着否定、怀疑以及诸多问题，也就是我们常说的批判性思维。在会议中，“黑帽子”的发言内容，通常都是做某件事的风险有多大、失败率有多少、最坏的情况是什么……这些都是很有价值的信息，可以防止某些决策者一拍脑袋就干、失败后一拍屁股就走这样不负责任的行为。

> 有一家外企邀请我去给他们的员工上课。到了这家公司之后我发现，他们的员工士气非常低下。经过了解我才知道，他们在中国经营多年，但没有一年能完成公司的预定指标。为什么呢？原因就是公司内部的各种管理就像是过去的封建体制一样，

老板就是皇帝，说啥是啥，想咋干就咋干。

如果一个企业经常出现这种状况，对企业的经营是非常危险的。这时就非常需要“黑帽子”站出来说一说这件事的风险。

可能在会议一开始时，“黑帽子”就提出了自己的反对意见：“开什么煲仔饭啊，我不同意。”但当时他没有机会说出自己的观点，因为那时是“白帽子”在发言，大家都在说这件事的好处。

而在“黄帽子”发言后，接下来就要让“黑帽子”发言了。但这里要注意，让“黑帽子”发言并不是完全让他们发表否定、质疑的言论，除了要提出一些风险性问题之外，也要让他们说说会上讨论的这件事的优点。之所以这样做，除了是让“黑帽子”进行换位思考外，还有就是要增强他们的参与感，让他们把这件事的好处想象出来。如果最后这件事做成了，真在繁华地段开了一家煲仔饭饭馆，他能不能接受？因为在生活中人们很容易出现视觉窄化，一旦出现视觉窄化，这个人就会觉得一切都是风险，没有好处，而且他也不去考虑这件事的好处。但如果我们事先就让他想象一下可能出现的好处，并让他说一说，那么最后当这件事真正实施时，他也更容易接受和支持。

“红帽子”思维

“红帽子”发言可能很容易被大家忽视，因为我们在开会时的固有思维就是就事论事，不要搞情绪化，但“红帽子”代表的偏偏是感觉、感受、直觉、预感等。简单来说，就是大家在讨论一件事时，“红帽子”会感觉其中的某一点重不重要；或者在讨论要跟一个新的客户合作时，“红帽子”会怀疑这个客户靠不靠谱。

在这个过程中，人的感觉和情绪就很重要，所以戴“红帽子”就是让大家把自己的感受和情绪都坦诚地说出来，以便后面的讨论更加理性。当然，这期间仍然不做讨论，大家只需把自己的感觉说出来即可。

“绿帽子”思维

绿色象征着勃勃向上的生机和希望，也可以说是无限的创意，所以“绿帽子”思维表示可以尽情地发挥自己的想象力和创造力，提出各种创意和解决问题的方法。不论是什么样的方案，普通的也好，天马行空的也好，只要有助于问题的解决，“绿帽子”都可以提出来，这就让事情的发展更上了一层楼。

还拿前面那个在繁华地段开饭馆的案例来说，大家讨论后，认为在这个地段开不起来，那么“绿帽子”马上就会提出在另一个地方也不错啊，你看那里的环境如何如何、人流多少多少……这种人的思维和创意很有跳跃性，你说这个方案不行，他立刻就给你提出另一种方案来。

显然，“绿帽子”在一个会议当中是很有价值的，但也需要“蓝帽子”控制好他们，因为他们的创意太多，说着说着就可能跑题，会议进行到最后，大家都一起以“绿帽子”思维来讨论了，每个人都来说这件事怎么解决，那件事怎么处理，争论就会出现，这不利于会议做出正确决策。

用平行思维法减少决策风险

前面我们详细地介绍了平行思维法的原理，在会议中运用这种方法，除了可以全方位地看待问题、增强与会者的参与感等好处外，还可以减少会议中决策的风险，提高会议的效率。

海尔就曾经使用过这种方法。我们曾为海尔做了三年的培训，培训结束后我们去回访，同时也调查了一下该方法的使用效果，发现这种方法帮他们节省了三分之二的会议时间。也就是说，原本可能要三个小时才开完的会，用这种方法后一个小时就圆满结束了。而最重要的一点，就是减少了很多错误决策的风险。

我在一个 EMBA 班上培训课时认识了一个合伙经营高端牛肉拉面馆的项目团队。其中，有一个人想出了一个营销创意，想要做一场慈善活动，内容是在一个月内每天送出 100 份牛肉面给那些吃不起的人。这样做的目的是什么呢？就是为拉面馆增添慈善的噱头，通过微信转发、媒体报道等，吸引更多的顾客前来消费。其他人一听，立刻就响应起来："好啊，这个想法不错!"随后，几个人便开会讨论起这个方案来，同时还咨询了我的意见。

但让我震惊的是，我本来是想让他们开个头脑风暴会议认真讨论一下，结果还没等我给出具体意见，他们团队内部的讨论会就结束了，而会议的最后决策是：大家一致通过，可以执行。

我真的非常佩服这个团队的会议效率，于是便向他们了解一些具体情况。最初提出这个想法的人告诉我，他觉得这是一件好事，既能为拉面馆增加声誉，又能帮助一些人，两全其美，所以这次活动的所有费用都由他个人承担。而其他成员见启动资金已经有了着落，别的方面也没什么太大问题，于是就一致同意了。

但经过认真分析，我在向这位愿意拿钱出来做好事的兄弟深表敬意之余，还是提醒他们，这个决策在流程上还存在一些问题。

大家看出这个决策流程有什么问题了吗？在很多人看来，所谓好的决策流程就是所有参会者最后都一致同意并全票通过决策，但我不这么认为。这种流程其实是典型的“自嗨”和“自欺”行为，其中往往存在着严重的流程缺陷。

于是，我建议他们再用我在课上给他们讲的“六顶思考帽”重新进行一次决策。

首先，我戴上“蓝帽子”，来担任这次讨论会的主持人，然后让他们依次戴上“红帽子”和“白帽子”。“红帽子”强调的是感觉和感受，他们觉得这是一件好事，所以全部同意；接着，“白帽者”开始提供一些客观的信息和数据，比如成本需要多少钱，整个活动做下来需要花多少钱，等等。

接着，我又让他们戴上“黄帽子”再来分析这件事，于是“黄帽者”开始讲这件事带来的种种好处，比如增加了企业形象、强化了社会责任感、可以做出爆点，等等。

到了戴“黑帽子”的环节，一开始大家都不发言，觉得这件事没有什么弊端，也没什么可批评的地方。我不同意，要求每一位与会成员至少要想出一条负面因素。想了半天，有一个人首先站出来说：“每天送100碗的话，会对后厨造成不小的压力。如果赶上用餐高峰，可能会影响其他客人的用餐体验。”

紧接着，第二个人也站出来了，说：“外面的人听说我们这里白送拉面，会不会引来一些乞丐啊？要是店门口每天蹲着一群乞丐等着我们送面给他们吃，那会严重影响门店形象的！”

很快，第三个声音也响起了：“要是每天来等着送面的都是之前的那100人，那该怎么办？这也起不到宣传作用了呀！”

第四个声音也出现了：“虽然每个月100碗面的成本没多少钱，但长期做也是不小的一笔钱呢！万一哪天我们不送了，会不会引起大家的不满，说我们是骗子？这可是很影响店铺名誉的！”

当大家提出一个个问题之后，开始意识到这还是一件风险蛮大的事，而之前提出这个建议的人也称自己确实没考虑过这些问题，所以想要放弃了。

最后，大家进入戴“绿帽子”思考的环节，开始考虑如何解决这些问题。

第一个人站出来说：“我们可以不在店里宣传，而是通过互联网、手机微信的方式宣传，这样就能把信息送到有效的人那里，而不会引来乞丐。”

第二个人说：“我们可以在上午的10点到11点之间送，这样就能错开中午的就餐高峰。”

第三个人又说：“我们可以学习国外‘墙上咖啡’的方法，做‘墙上拉面’。”“墙上咖啡”的流程是：一个人到咖啡馆消费时可以买两杯咖啡，一杯自己喝，另一杯挂在墙上。如果店里进来一位想喝咖啡却没带钱的客人，就可以喝墙上挂着的这杯咖啡。“墙上拉面”也仿照这种流程：顾客可以买两份拉面，一份自己吃，一份挂在墙上，留给没钱享用的人吃，以减少店铺的经营成本。

在大家共同献计献策后，再回过头看这个方案就完善多了，并且最终也拿出了决策方案：发放渠道改为互联网和微信，发放时间为上午的10点到11点，发放方式为“墙上拉面”。

通过这个案例，我们就可以看出这个工具在会议中所起到的作用。在很多团队会议中，团队成员都是被迫接受管理者既定的思维模式，结果限制了个人的思维和团队的整体配合度，不能有效地解决问题、做出决策。而事实上，任何科学的决策或创意都不是来自某一个天生神力的人。科学的结果，一定来自科学的流程，这才是会议的本质。

在运用平行思维法后，团队中的各个成员就不再局限于某种单一的思维模式，并且“思考帽”代表的是角色分类，是一种思维要求，不是扮演者本人。这样一来，我们的思维就几乎涵盖了集体思维的整个过程，因此也有助于团队减少决策风险，最终做出最正确的决策。

三步走，组织高效演讲

沟通力的最高级体现就是演讲。所以，在这本书的最后，我们来说说怎样组织一场高效的演讲。良好的演讲口才是职场生存和发展的一项必备技能，也是人和人之间沟通交流的重要利器。

在我们即将开始一场演讲时，相信很多人都有一个同样的感觉，那就是紧张。从生理学角度来说，这是人的一种天性。在原始社会，人类为了生存要外出狩猎，这时候如果发现自己被别人或野兽盯上了，肯定会特别紧张、害怕。久而久之，这种感觉就演变成了人类的一种特性。所以在演讲时被台下的观众盯着，演讲者产生紧张是不可避免的。

我非常赞同一个观点，就是把演讲当成自己送给别人的一个礼物，即我要把我的观点、我的经验送给你。对方喜欢当然最好，如果不喜欢也没关系，既然是送礼物，对方喜不喜欢那是他们的事，我的心意到了就好。如果每个演讲者都能带着这样的心态组织演讲，紧张感就会大大缓解。

那么，一场演讲到底该如何组织，才能真正吸引听众，给听众带来美好的享受和有价值的收获呢？我曾读过很多演讲方面的书，自己也做过很多场演讲，我认为最有效的方法就是《高效演讲》中提到的三点精华内容，分别为坡道、发现和甜点。

坡　道

什么是坡道？在我看来，坡道其实就是演讲者与听众之间建立的连接。很多人在演讲时都会犯一个错误，认为只要自己一开口，台下所有的听众就会立马进入听讲状态，其实并非如此，当然，除非你的演讲开头足够吸引人。

坡道，就是你在开始演讲时所说的那几句话，并且这几句话应该能马上吸引听众的注意力，这样的演讲才具有足够高的坡度。当听众跟着你一起"爬坡"后，你再说什么，都能让听众保持兴趣。简单来说，构建坡道就是要让你的演讲有一个能吸引听众的开头。因此，最有效的开头方式就是以与听众有关的内容开头。

我在上台开讲前会先问听众："你们有没有感觉演讲是一件令人恐怖的事？"这个话题与谁有关？自然是与台下的听众有关，这时听众的注意力就会被吸引住："是啊，演讲很令人害怕！"

“啊，为什么老师会这样说呢？”……这些都是听众产生兴趣的表现，接下来大家自然也会愿意听我的详细分析。这就构建了一个成功的坡道。

相反，如果我一上台就开始说自己一年做了多少场演讲，我自己又是一个多么善于演讲的人，我的演讲经验是什么，等等，大家或许很快就会失去兴趣，甚至觉得我这个人真能吹牛！

这两种演讲的开头方式最大的不同，就是第一种开头是以“你”“你们”为重心来说话，而第二种是以“我”为重心来说话。所以，要成功构建坡道，就一定要以听众为中心，说与听众有关系的内容，而不是以演讲者自己为中心，也就是说，要做到“多说你、你们，少说我”。

构建坡道的方法有很多，但要构建精彩的坡道只需思考一个问题：听众为什么要在意你的演讲？这个问题的答案就是一个绝妙的坡道。所以在构建坡道时，要尽快向听众表明你将带给他们的价值。一般来说，我们可以通过下面几种技巧来构建坡道：

- 提出一个听众关心的问题。
- 运用“想象”这个词，比如“你们可以想象一下这样一种情况……”
- 讲一个有趣的案例或小故事，引出话题。

- 引用一些令人意外的统计数据。

……

比如，当你向听众提出一个问题时，通常都能引起他们的注意力，因为人类大脑有个习惯，只要有人问问题，它就想要回答。这是个很奇怪的现象，但确实存在。

再比如，大家都喜欢听故事，讲故事的方式也可以构建坡道，只是故事别太复杂。当你讲道："我儿子今天跟我说，老师留了一个很奇怪的作业……"听众的注意力立刻就会被吸引过来，都想知道到底是什么"奇怪的作业"。

还可以用数字或数据来开头，例如："大家知不知道，全球现在的污染面积已经达到……"

总之，坡道就是要把听众拉到你的演讲当中来。但有一点要注意，就是坡道的时间不要太长，有研究发现，在听众决定是否听你的演讲之前，你只有 7 秒钟的时间可用。因为人的关注力只能持续 7 秒左右，如果 7 秒之后你还没进入正题，或者说了半天都拐不到正题上，听众很可能就会感到厌烦了。

发　现

在用坡道成功地捕获了听众的注意力后，接下来就要进入演讲的主体部分了，这部分内容就是“发现”。之所以称主体部分为“发现”，是因为你即将说出自己的见解，应该可以引导听众有所发现和收获，而不是强制性地将信息灌输到他们的大脑之中。

在发现部分，一般要分为三个模块，或者说要归纳出三个要点，最多不要超过五个，否则听众记不住那么多内容。而且这三个要点应该是有逻辑的，比如按照时间逻辑来讲，就是过去怎样、现在怎样、未来怎样；按照分类逻辑来讲，可能是第一类、第二类、第三类。

> 比如，我要给大家讲讲如何开一个书店。怎样才能把书店经营好，有声誉、能赚钱？经过多年的经历和经验总结之后，我总结出开书店的三个最关键因素：第一个因素是品牌，这时就可以讲品牌的重要性、如何打造品牌等等。如果要详细讲解，你会发现能讲半个小时；但如果简略地讲，几分钟就能讲完；这个可以根据自己的演讲时间来设定。第二个因素就是营销手段，你运用了哪些营销方式、效果怎样。第三个因素就是领导力，如果你不具备领导力，就不能管理好员工，员工的工作效率低，就会影响书店的业绩。
>
> 这样一来，整篇演讲就被拆解为三个不同维度的内容，逻辑清晰、层次分明，听众也能从中吸取他们想要了解的内容。

如果“发现”具有逻辑性，那么你在拆分这些模块时就会比较容易，因为每个模块之间不会重叠，它们之间要么是不断深入的递进关系，要么是分门别类的维度关系，要么是各种平行的并列关系，总之可以让这部分内容听起来更加简洁、清晰，便于听众理解和接受。

我平时在跟大家分享一些好书的时候，也很重视坡道和发现。在构建完坡道，进入发现部分后，我会保留书中的一些东西，是什么呢？如果大家听过我讲书就会发现，虽然我讲的内容要比书上的实际内容少得多，但重要的部分都在。而我保留的东西，要么是一些有价值的观点，要么是有价值的统计数据，要么是有科学性的实验，或者是很有震撼性的故事。把这些东西保留下来，就能将这本书的科学性、趣味性等有价值的东西都保留来了，然后再讲给听众听，这个演讲就会很吸引人。

甜　点

甜点就是演讲的结尾部分。为什么把结尾部分叫作“甜点”呢？因为这里要引起听众的情感共鸣，为听众创造一种感觉，比如紧迫感、诱惑感、惊喜感等。

我在跟大家分享《列奥纳多·达·芬奇传》这本书的时候，在结尾部分就设置了一个“甜点”。那么，我是怎么讲的呢？

我说："达·芬奇在临死前一周的一天，在自己的笔记本上写了一条笔记，说明天一定要搞清楚啄木鸟的舌头是什么形状。那么，你们知道啄木鸟的舌头是什么形状的吗？"

大家都回应说"不知道"，我接着说："啄木鸟在啄树的时候，力量很大，对吧？那么大家可以想象一下，如果一个人用啄木鸟啄树的力量去撞树的话，可能一下就撞死了。但啄木鸟却可以一直啄，它是怎么做到的呢？因为啄木鸟的舌头是它的喙的三倍长，平时不需要啄树时，它就把舌头缩回来，再从下颚穿出，向后绕过后脑壳，再从脑顶前端插入右鼻孔里固定住，留下左鼻孔用于呼吸。而当它啄树的时候，它的舌头再从下腭滑出来，这样就起到了类似弹簧的作用，使它啄树时也不至于受到巨大的冲击力。"

我讲到这里的时候，大家都觉得这是个非常有趣的现象，但这与达·芬奇有什么关系呢？这时我问听众："当你们知道了啄木鸟的舌头长这样后，这与你们的生活有关吗？"大家都摇摇头，说："好像没什么关系。""那跟达·芬奇的生活有关吗？""似乎也无关。"但达·芬奇为什么要理解这件事呢？这就是纯粹求知的乐趣。所以我们需要知道，达·芬奇之所以能够成为一个伟人，是因为他拥有纯粹求知的乐趣，是为了求知而求知。

当我用这个案例作为分享这本书的结尾时，大家都发出"哇——"的惊讶声，现场气氛一下就热烈起来。这就是"甜点"的作用。

演讲的收尾部分是非常重要的，就像飞机降落时轮子接触地面的那一刻一样。不论前面的内容讲得多精彩，如果没做好结尾，就会给你的演讲大大减分。

演讲结尾的方式也有很多，比如用一句名言来结尾，我在讲课时就很喜欢用这种方式结尾，可以起到升华主题的作用。也可以用一个故事或一个典故来结尾，用来反衬前面所讲的内容，起到画龙点睛的作用。

总而言之，要组织一场高效的演讲，不仅要有精彩的“坡道”，有“硬货”满满的“发现”，还要有能唤醒大家感性的“甜点”。回顾打造精彩演讲的这个过程你会发现，中间的“发现”部分基本上都在唤醒大家的理性，让大家觉得你的论证有道理、有科学性；而到了后面的“甜点”部分，就一定要想办法点燃听众的热情，让听众觉得：“哇——多美好！”“哇——真精彩！”这样就能使整场演讲显得既理性又感性，从而给听众带来一种回味无穷的感受。

附录

延伸阅读书单

《爱因斯坦传》

于尔根·奈佛著，中央编译出版社，2018 年 8 月

《次第花开》

希阿荣博堪布著，海南出版社，2017 年 2 月

《列奥纳多·达·芬奇传》

沃尔特·艾萨克森著，中信出版集团，2018 年 7 月

《非暴力沟通》

马歇尔·卢森堡著，华夏出版社，2018 年 8 月

《高绩效教练》

约翰·惠特默著，机械工业出版社，2018 年 12 月

《高能量姿势》

埃米·卡迪著，中信出版集团，2019 年 1 月

《高效演讲》

彼得·迈尔斯、尚恩·尼克斯著，吉林出版集团，2013 年 4 月

《共情沟通》

南勇著，江苏凤凰文艺出版社，2019 年 11 月

《关键对话》

科里·帕特森、约瑟夫·格雷尼、罗恩·麦克米兰、艾尔·史威茨勒著，机械工业出版社，2017 年 5 月

《身体从未忘记》

巴塞尔·范德考克著，机械工业出版社，2016 年 5 月

《水平思考》

爱德华·德博诺著，化学工业出版社，2017 年 6 月

《思考，快与慢》

丹尼尔·卡尼曼著，中信出版集团，2012 年 7 月

《斯坦福大学最受欢迎的创意课》

蒂娜·齐莉格著，吉林出版集团，2013 年 1 月

《我们内心的冲突》

卡伦·霍妮著，长江文艺出版社，2016 年 12 月

《向前一步》

谢丽尔·桑德伯格著，中信出版集团，2014 年 10 月

《幸福的方法》

泰勒·本–沙哈尔著，中信出版集团，2013 年 1 月

《增长黑客》

肖恩·埃利斯、摩根·布朗著，中信出版集团，2018 年 1 月

《掌控谈话》

克里斯·沃斯，塔尔·拉兹著，北京联合出版公司，2018 年 10 月

《终身成长》

卡罗尔·德韦克著，江西人民出版社，2017 年 11 月

《终身学习》

黄征宇著，中国大百科全书出版社，2018 年 5 月